- Suugaantii Cismaan Yuusuf Keenadiid
- Taariikhdii Far Soomaaliga -Cismaaniya-

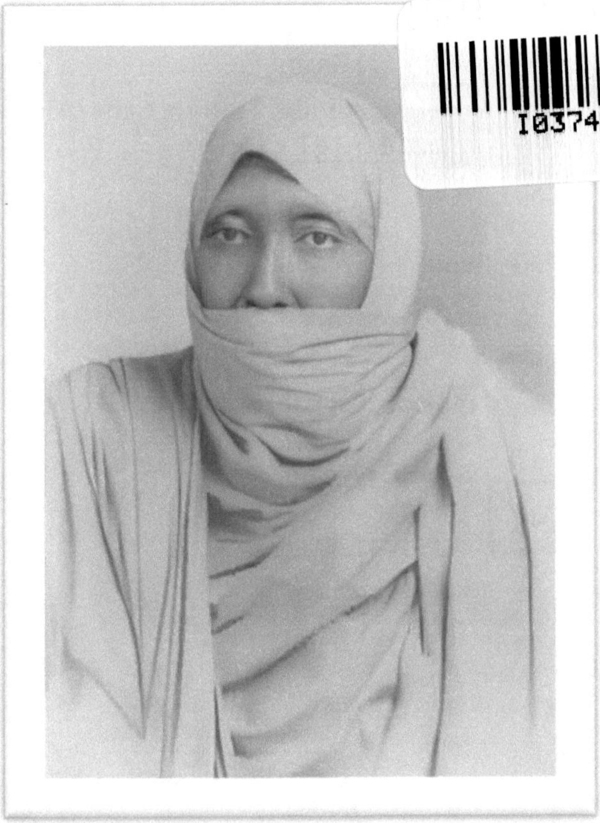

Cismaan Yuusuf Keenadiid

Hindisihii qoridda fartii soomaalida ugu horreysay

Publisher Yuusuf Nuur Cismaan

بِسْمِ ٱللَّهِ ٱلرَّحْمَٰنِ ٱلرَّحِيمِ

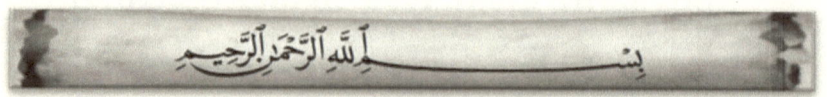

Cismaan Y. Keenadiid: Taariikh, Gabay, Geeraar iyo Jiifto
ISBN: 978-1-910181-51-5
London UK

Telephone: +44 74385 11 233

@AjoobYuss

ajoob1@gmail.com

ajoob16@gmail.com

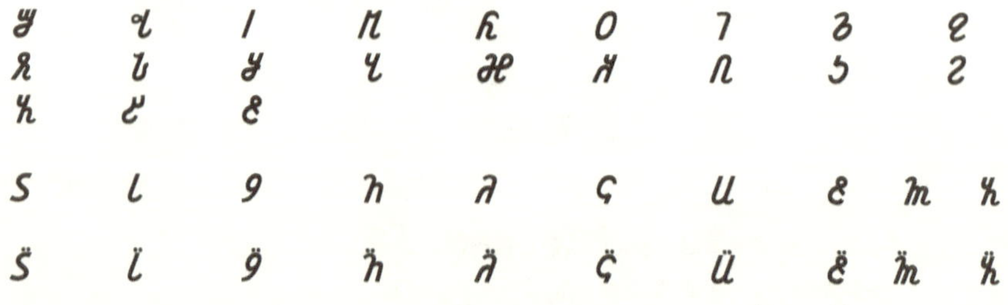

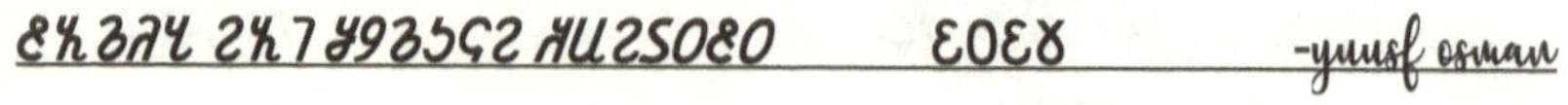

TUSMADA

MAHADNAQ

Waxaan dhammaan mahad u celinayaa dadkii igala qayb qaatay in Buuggaan dib loo daabaco. Buuggaan wuxuu ka kooban yahay Suugaan uu tiyey Cismaan Yuusuf, taariikhdii farta Soomaaliga/Cismaaniya, tusaalooyin Far Somaliga iyo suugaan kooban dad kale tiriyey. Dhammaan dadkii dhintay AUN, oo aan buuggaan ku xusay, oo taariikhda gabayada Cismaan Yuusuf ka soo qaybqaatay uruurintooda. Waxaa ugu horeeya Cisman Keenadiid, Yaasiin Cismaan, Cabdullahi Cismaan, Xasan Cismaan, Siciid Cismaan, Aw Jama Ciise. Waxaa kaloo mahad weyn mudan Bashiir Nuur Cismaan oo isna ka mid ahaa dadkii uruuriyey gabayada Cismaan I siiyey gabayo uu gacanta kuqoray. Waxaan kale oo ka faa'idaystay cododka ay duubeen AUN Cabdixaliim Cismaan Yuusuf iyo Cali Cilmi Afyare oo in la duubo sabab u ahaa AUN Caydaruus Cismaan Yuusuf. Iyo dad badan kale oo aanan soo koobi karin, dhammaan Intii dhimatay AUN inta noolna Allaah ha barakeeyo. Dhanka uruurinka farta iyo ilaalinteeda waxaa mudan in la xuso kaalindoodii guddigii la oran jiray Goosan oo buug iyo wargeysyo badan ku qoray Far Somaliga. Waxaa duco mudan dadkii kaalinta wacyi galinta farta iyo taariikhdeeda ka qaybqaatay AUN dhammaantood oo ugu horreeyo madaxweyne Aadan Cabdille Cismaan, Daahir Xaaji Cismaan, Yaasiin Cismaan Yuusuf, Muuse Galaal, Xirsi Magan, Xasan Cali Mire, Cabdullaahi Cismaan Yuusuf iyo Siciid Jaamac Xuseen oo UK ku nool. Waxaa kaloo Mahad u jeedinayaa Warsame Yaasiin Cismaan oo Masawirrada buugga iga caawiyey, Cabdi Hirsi Cismaan, Axmed Nuur Cismaan iyo Axmed Cabdisalaan Maxamed.

Waxaa Mahad u celinayaa dhanka farta Somaliga David D. Latin, B.W. Andrzejewski, Mario Maino, Martino Mario Moreno oo bugtay ka qoreen Farta Somaliga (Cismaaniya) aan ka faa'idaystay.

GOGOLDHIG I

Buugga suugaantii iyo taariikhdii far Soomaaliga

Cismaan Yuusuf wuxuu ku dhashay tuulada Ceelhuur ee gobolka Mudug sanadkii 1899, waxay ku taal koonfurta Hobyo.
Cismaan Yuusuf wuxuu ku dhintay magaalada Xamar ee gobolka Banaadir sanadkii 31.08.1972.

Cismaan Yuusuf waxaa aabe u ahaa Suldaan Yuusuf Cali Yuusuf oo ku magacdheeraa Keenadiid. Wuxuu ku dhashay Keenadiid 1837 degmada Caluula ee gobolka Bari. Keenadiid wuxuu ku dhintay degmada Hobyo ee gobolka Mudug sanadkii 28.09.1911.

Keenadiid iyo dhammaan maamulkiisii waxay u soo wareegeen Hobyo oo meel xooluhu ka cabbaan (ceel) oo xeebta badda Hindiya ku taal. Halkaas waxay ka aasaaseen deegaan waxayna ka dhigteen xaruntii saldanada. Saldanadu waxay ku magacdheerayd SALDANADII HOBYO IYO CALUULA. Xilligu wuxuu ahaa 1878, Imaatinkii Hobyo.

Xaruntii hore ee Caluula waxaa ku haray wakiilo iyo dad ilaaliya hantidii ma guurtaanka ahayd ee gobolka Bari ay ku lahaayeen.

Tuulada Ceelhuur waxay ahayd meel ay ka dhisan yihii guryo daaro ah oo ay dhisteen maamulkii Sayid Barqash oo fadhiyey xeebaha koonfurta Soomaalia ilaa bariga Afrika. Dagaal markuu dhexmaray Saldanada iyo ciidankii Sayid Barqash ayaa Saldanada Hobyo la wareegtay tuuladii Ceelhuur. Waxay ahayd meel aad xoolaha ugu fiican.

Keenadiid/Yuusuf Cali

Keenadiid Yuusuf Cali waxaa la dhashay:
Mahamuud Cali iyo Jaamac Cali (Cismaan Yuusuf adeeradi)
Ilma Keenadiid: waxay ahaayeen 10 carruura waa sidaan:

1. Suldaan Cali Keenadiid: waa curadkii wiilasha oo isagaa suldaan noqday.
2. Axmed Keenadiid
3. Caasha Keenadiid (Saddexdaan waa isku bah)
4. Muunima Keenadiid
5. Maxamed Keenadiid (waa Labo isku bah)
6. Muuse Keenadiid
7. Faadumo Keenadiid (waa labo isku bah)
8. Canbaro Keenadiid
9. Abshiro Keenadiid
10. Cismaan Keenadiid (saddex isku bah)

Gabdhaha waxaa kala guursaday:
Caasha waxaa guursadey Boqor Cismaan
Muummino waxaa guursadey Ismaciil Yuusuf Faahiye;
Faadumo waxaa guursadey Xaaji Cali Maxamuud;
Canbaro waxaa guursadey Ina Buraale (Axmed Ugaas Buraale);
Abshiro waxaa guursaday Faarax Maxamed Islaan.

ILMA ISLAAN AADAN MAXAMUUD

Cismaan Yuusuf Keenadiid waxaa dhashay **Dahabo Islaan Aadan Islaam Maxamuud.** Cismaan Yuusuf Abtiyaashiis iyo habaryarahiis oo ah ilmo Islaan Aadan:

1. Maxamed Islaan Aadan
2. **Dahabo** **Islaan Aadan** Bihna Aw Cumar (3)
3. Caasha Islaan Aadan

4. **Islaan Faarax Islaan Aadan** (Islaan Cabdille baa Islaan noqday)
5. Maxamuud Islaan Aadan
6. Yuusuf Islaan Aadan
7. Jaamac Islaan Aadan Bihna Aw Ciise (10)
8. Xasan Islaan Aadan
9. Xuseen Islaan Aadan
10. **Cismaan** **Islaan Aadan**
11. Xirsiyo Islaan Aadan
12. Faadumo Islaan Aadan
13. Canbaro Islaan Aadan

14. Muuse Islaan Aadan Bihna Axmed (2)
15. Axmed Islaan Aadan

16. Ciise Islaan Aadan
17. Nuur Islaan Aadan Bihna Nuur (4)
18. Xirsi Islaan Aadan
19. Cumar Islaan adan

Gabdhaha ilma Islaan Aadan waxaa guursadey

Dahabo Islaan Aadan (Cismaan hooyadi)	Keenadiid Yuusuf Cali
Caasha Islaan Aadan	Cali Keenadiid
Xirsiyo Islaan Aadan	Xaaji Cismaan Sharmaarke
Faadumo Islaan Aadan	Sayid Maxamed Cabdille
Canbaro Islaan Aadan	Shiikh Cabdishakuur.

Caruurtii Cismaann

Cismaan carruur badan buu dhalay- inta yaraanta ku dhimatay haddii lagareebana- waxay yihiin 12 wiil iyo laba gabdhood:

1. Yaasiin	
2. Nuur	Dahabo Maxamed Islaan (4)
3. Xasan	
4. Siciid	
5. Cabdixaliim	
6. Cali Bashi	
7. Faadumo	Caasha Cali Ciise (5)
8. Maxamuud	
9. Xirsi	
10. Cabdullaahi	Xaliima Xaaji Cismaan (1)
11. Maxamed	
12. Axmed	Siciida Shirwac Maxamed (3)
13. Xaliima	
14. Caydaruus	Faadumo Ciise Cigaal (1)

Deegaan

Deegaanka rasmiga ah ee Cismaan wuxuu degganaa waa Ceelhuur oo u jirta qisaas 48 KM dhanka koonfurta magaalada Hobyo. Ceel Huur waxay ku taal xeebta badda Hindiya. Deegaanka ku dhow Ceel Huur wuxuu ahaan jiray dhul dhir badan oo kala jaad ah leh oo xoolaha iyo ugaarta u waansan. Deegaanku wuxuu ahaa deegaan dad badan iyo xoolo badan ku nool yihiin. Dadka deegaanka Ceel Huur waxay u ganacsi tegi jireen magaalada Hobyo. Cismaan wuxuu aad ugu xirnaa magaalada Hobyo oo ahayd xarunta deegaankaas. Cismaan wuxuu Hobyo ku tegi jiray faras.

Tacliintiisa diiniga iyo tan culuumta wuxuu ku qaatay Ceel Huur. Cismaan wuxuu aabihiis u keenay niman carab ah oo bara culuumta iyo afka carabiga. Dhallinyaradii Cismaan ka weynayd ee Caluula ku soo koray iyagana sidaan oo kale baa wax loo soo baray oo macallimiin dibadda laga keenay baa wax bari jirtay. Maadaama ay carabta ganacsi la lahaayeen waxay caruurta kula dadaali jireen inay luuqadda carabiga bartaan.

Markii uu carabiga bartay ayuu bilaabay inuu dadka ka caawiyo warqadaha qoriddooda iyo akhrintooda. Wuxuu bilaabay inuu baro dadka sidii ay luuqadda soomaaliga xarfaha carabiga ugu qoran lahaayeen. Muddo markuu waday bey culays noqotay maadaama afka soomaaliga iyo kan carabigu kala dhawaaq duwan yihiin dhanka xuruufta.

Halkaas ayay kaga dhalatay inuu curiyo xarfo soomaaliga qoriddiisa loo adeegsado. Wuxuu u baxshay **far soomaali**. Waxay ka koobnayd 19 shibbane iyo labaatan fure/shaqal. W-da iyo Y-da waxay ku jiraan labada dhinacba furaha iyo shibbanahaba. Fartaas xogteeda buugga ayay ku faahfaahsan tahay.

Hobyo iyo Suugaanta

Suugaantu waxay u badnayd: gabayo, guurow, geeraarro iyo jiiftooyin.

Suugaantu waxay ahayd xilligaas mid aad loo adeegsado dhankasta oo arrimaha bulshada dhexdeeda. Wärarka ugu muhiimsan waxaa la isku gaarsiin jiray jiray qaab suugaaneed gabay iwm ah.

Inta badan sanad kasta waxaa mar lagu qaban jiray magaalada Hobyo tartan suugaaneed oo dad badan ka soo qayb galaan. Nin walba wuxuu la imaan jiray suugaantiisa, meeshaas baa tartan lagu geli jiray.

Bandhiggii gabayada ee Hobyo

Dadka gabayada keena aad baa loo xurmayn jirey oo wax loo siin jirey. Nin kasta oo gabya, wuxuu uurka ku hayn jirey inuu kol Hobyo tago oo gabayadiisa bandhigo. Waxay ahayd meel suugaanta Soomaaliya caan ku ah. Odayaasha ayaa abaabuli jirey kulamadaas suugaanta. Waxaa abaabulkaas garwadeen ka ahaa Gooni Cabdi Xaaji oo looga danbeeyey gabayada.

Cismaan wuxuu aqoon u lahaa cilmiga xiddigaha. Waagii hore waxaa aad loo baran jiray cilmiga xiddigaha. Xiddiguha muuqaalkooda baa lagu cabbiri jiray jihada. Doonyuhu jihada ay u socdaan xiddigta ku beegan baa tusmo u ahayd. Waxaa kalo xiddigaha lagu cabbiri jirey, xilliga roobka, xilliga abaarta duufaanaha iwm. Dadka yaqaan xiddihaha macno weyn bey ugu fadhiyeen bulshadooda. Gabayada Cismaan tiriyey bey ka muuqataa aqoonta uu cismaan u lahaa xiddigaha.

Gabayada Cismaan tiriyey aad bey u badnaayeey intii badnayd buuggaan baa ka helaysaa. Cismaan Ceelhuur buu wax ku bartay sida shareecada Islaamka, carabiga, suugaanta Soomaalida iyo tan carabta, juquraafiga iyo taariikhda. Wuxuu kaloo ka sheekeyn jirey xilliyada isbeddelkooda iyo xiddigaha lagu calaamadsado xilliyada. Waxaa ku badan gabayada Cismaan xiddigaha magacyadooda iyo wakhtiyaday ay aad u muuqdaan. **Tusaale:** carruurta Cismaan waxay lahaayeen buug lagu qoro magacyadooda iyo mid waliba xiddigtii uuku dhashay, sidatan:

Magaca wiilka	**Magaca Xiddigii uu dhashay**
Cabdi-xaliin	Koxdin
Yaasiin	Nuguushi Guduud
Cali-Baashi	Afaggaal
Nuur	Faruuryo
Xasan	Dirirday
Maxamuud	Jed Gacanle
Faadumo	Cadaad
Siciid	Libcas
Cabdullaahi	Meecaad 'Cukan'

SALDANADII HOBYO IYO CALUULA

Caluula: 1868 --1878

Hobyo: 1878 --1925

سلطان
يوسف علي

Astaantii saldanada Caluula Hobyo

Suldaan I Yuusuf-Keenadiid Cali AUN

Suldaan I Yuusuf-Keenadiid Cali Yusuf 1868-1903
Ku dhashay Caluula 1837
Ku dhintay Hobyo 1911

Suldaan II Cali Yuusuf-Keenadiid AUN

Suldaan II Cali Yuusuf-Keenadiid Cali 1903-1925
Ku dhashay Caluula ku aaddan ca.1858
Ku dhintay Xamar 1930

Suldaan I Keenadiid Yuusuf Cali iyo

Naa'ib Aw Faarax Maxamed Cali AUN

JUSUF ALI e il suo *factotum hagi* FARAH

Suldaan Keenadiid Yusuf Ali iyo Aw Faarah Maxamed Ali, waxay ka mid ahaayeen 28 nin oo muddo dheer tababar ciidan iyo maamul ugu maqnaa waddamada Cummaan iyo Hindiya, kadib markii la aasaasay Saldanadii Caluula 1868. Aw Farah wuxuu ka mid ahaa aasaasayaashii Saltanada Hobyo iyo naa'ib ka mid maamulka Saldanada Caluula Hobyo.

Suldaan III Yaasiin Cali Keenadiid AUN

Suldaan III Yaasiin Suldaan III Cali I Keenadii

Waa Curadkii Suldaan Cali Keenadiid, dhimashadii Suldaan Cali Keenadiid 1930 kadib,ayaa talada loo dhiibay Suldaan II Yaasiin Cali.

Islaan Cabdille Islaan Faarax Islaan Aadan AUN

Islaan Cabdille Islaan Faarax Islaan Aadan:
1943 – 1997 ayuu lada hayey. Islaan Aadan Islaan Maxamuud oo ahaa awowgiis ayaa guddoonshay shirkii Ceelka Heema oo lagu taageeray yagleelidda Saltanada Hobyo 1878.

Axmed Suldaan I Keenadiid AUN

Axmed Suldaan Keenadiid: Wuxuu ahaa hoggaamiyihii ciidan Hobyo ka soo gurmaday, markii ciidan aad u bad oo daraawiikh ah ay ku soo duuleen Ceelka Ina Diinle oo Ciidan Takar Jaamac Warsame hoggaaminayey ay deegaankaas joogeen. Dad badan oo qoyska Takar ayaa ku naf waayey. Axmed Suldaan dhaawac halis ah ayaa ka soo gaaray.

Dr. Yaasiin Cismaan Keenadiid AUN

Dr. Yaasiin Cismaan Keenadiid AUN. Wuxuu uruuriye Gabayadii Cismaan Keenadiid. Wuxuu muddo dheer dadka barayey Far soomaaliga (Cismaaniya) xilligii SYL. Wuxuu ka dhex aasaasay SYL 1949 Ururkii la baxay Bulshada Soomaalida Afkeeda iyo Suugaanteed.
1980 wuxuu qoray Gabayadii Cismaan Keenadiid oo ku qoran Far Soomaali Latin. Wuxuu ahaa guud ahaan tacliinta Soomaalida nin ku xeel dheer muddo dheer ku dhex jiray tacliinta Somalia

Cabdullaahi Cismaan Keenadiid AIN:

Cabdullaahi Cismaan Keenadiid AIN: Wuxuu qalin ku qoray Suugaantii Cismaan Keenadiid, suugaan uu isagu curiyey, mid ay curiyeen suugaan yahanno caan ah, suugaanta geella iyo maahmaahyo. Yuusuf Nuur Cismaan daabacaha Buuggaan, ayaa u beddelay qoraalkii Far Somali ee Cabdullahi Cismaan far somali latin oo buug ka dhigay 2019 la yiraahdo "Gabayadii Cabdullaahi Cismaan Keenadiid iyo gabayo kale."

Bashiir Nuur Cismaan AUN

Wuxuu qalin ku qoray, intuu Cismaan Keenadiid noolaa, gabayadii intii badnayd, isagoo ku qoray Far Soomaali (Cismaniya), waxaa kaloo diiwaankiisa ku jira gabayo iyo suugaan kale oo dad kale tiriyeen.

Diiwaan: Waa buug ay ku uruursan yihiin gabayadii Cismaan Keenadiid oo ku qoran Far Somomaali (Cismaaniya) iyo gabayo dad kale tiriyeen. Waxaa kaloo ku qoran Buuggaan maahmaahyo

Yuusuf Nuur Cismaan Keenadiid

Waxaan daabacay buug isugu jirta kuwo ku qoran Far Soomaali iyo kuwo ku qoran Far Soomaali Latin. Waxaan u istaagay hawshaas 2019 , in aan wax ka qabto Far Soomaaliga, dadkana u soo bandhigo nuxurka ay xambaarsan tahay Far Soomaaligu. Dad aad u badan baan baray annagoo kala dugugsan meesha aan ku sugan nahay. Dadkaas waxay kala joogaan 5 qaaradood. Dadka u badan oo bartay waxay joogaan Somalia. Barashada Far Soomaaligu waxay u leedahay waxtar weyn Af Soomaaliga. Buug badan oo laga barto iyo kuwo cilmi kororsi qoraalka af Soomaaliga ah baan qoray. Maadaama Cismaan Keenadiid uu ahaa ninkii far soomaaliga hindisay, waxaa laga maarmi waayey, in buuggaan suugaanta ah aan raaciyo tusaalooyin ku aadan Far Soomaaliga, maxaa yeelay, suugaanta Cismaan iyo hindisihiisii Far Soomaaligu waa labo aan kala hari karin. *Yuusuf Nuur Cismaan*

OBBIA E LA CASA DEL SULTANO 1890

Muuqaalkaan waa Hobyo oo la deggenaa laba iyo toban sano (1878-1890), xilliga mawirkaan la qaaday.

LUIGI BRICCHETTI ROBECCHI

LUIGI BRICCHETTI ROBECCHI'S JOURNEYS IN THE SOMALI COUNTRY

L. B. Rocecchi oo u dhashay talyaani wuxuu ka soo degan Hobyo 08.04.1890, isagoo watay doon askareed.

Soo dhawayn diiran buu kala kulmay Suldaan Yuusuf Ali. Waxay ula muuqatay Hobyo meel sabool ah, oo jid kali ah ka muuqdo, laba guri oo sar/dhagax ah iyo 33 guri oo carshaan ah.

Goorta Hobyo loo dhaafay dhanka woqooyi, sahamiyuhu wuxuu gooyey buur bacaad ah oo ku taxan xeebta, iyadoo xoogaa u jirsanayo, ayuu dhex gooyey gobol ka kooban nuuriyad dhagax ah oo gebi ahaan ku dedan bacaad murdaxan oo aan dhir la hayn aan ka ahayn caws fiican. Meel kastoo la qodona waxaa laga heli karaa biyo.

The Italian gunboat Volturno landed him at Obbia on April 8th, 1890. He met there with a friendly reception on the part of Sultan Yusuf Ali. Obbia is a poor place, with an open roadstead. There are two stone houses and thirty- three huts. Leaving Obbia for the north, the explorer crossed the sandy dunes, which fringe the coast and, keeping at some distance from it, traversed a region of nummulitic limestone, covered here and there by sandy ridges, generally bare, but not lacking localities affording rich pasturage. Water can be obtained everywhere by digging;

Muuqaalka Gobolka Mudug iyo Caluula

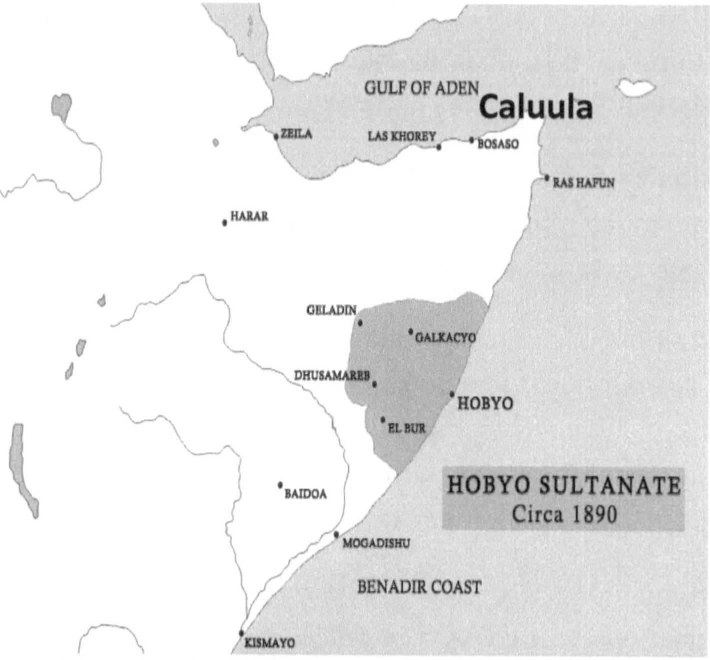
GULF OF ADEN
Caluula
ZEILA
LAS KHOREY
BOSASO
RAS HAFUN
HARAR
GELADIN
GALKACYO
DHUSAMAREB
HOBYO
EL BUR
BAIDOA
HOBYO SULTANATE
Circa 1890
MOGADISHU
BENADIR COAST
KISMAYO

Caluula: **gurigii maamulkii Caluula, ka hor guritaankii la aaday Hobyo**

DULMAR YAR GOBOLKA MUDUG

Magaalada Hobyo waxay ku taal xeebta badweynta India, waxay ka mid tahay magaalooyinkii hore ee dhulka Somalia laga aasaasay. Hobyo waxay ka taal koofurta magaalada Gaalkacyo oo waxay isku jiraan qiyaastii 264 km. 1878 ilaa 1925 Hobyo waxay xarun u ahayd gobolka Mudug iyo deegaano kale sida deegaanka Wardheer. Magaalooyin xilligaas aad u cammirnaa waxaa ka mid ahaa Ceel Huur, Xarardheere, Galkacyo iyo Ceel Buur. Dhammaadkii 1925 ayaa talyaanigu la wareegay deegaankaas. Deegaankaas wuxuu ahaa deegaan aad ugu wanaagsan xoolaha la dhaqdo, sida geela, lo'da, idaha iyo riyaha. Waxaa kaloo ku noolaa ugaarta noocyo kala duwan sida biciidka, goodirka, garanuugta, dabataagta, cawsha, deerada iyo sagaarada. Waxaa kaloo ku noolaa bahalo badan, haadad iyo shimbiro. Dhulku wuxuu lahaa dhir badan, caws iyo jiqo. Dhirta waxaa ka mid ahaa: Xarar, Qansax, qurac, Qaydar, sarmaan, cingir, maygaag, Garas, bilcil, caday, xaskul, malmal, cadaad, jeerin/quulle iyo kuwo kale oo aad u tiro badnaa. Dhirtaas waxay ahaayeen kuwo xoolaha iyo dadkuba ku nool yihiin iyo kuwo dadku si gaar ah u manaafacsado.

Qoraalada iyo buugaagta dhirta iyo xogteeda ku saabsan aad bey muhiim u yihiin, oo ah si loo ogaado faa'iidada dhiru u leedahay nafleeyda deegaanka ku nool oo dadku ka mid yahay.

Geedaha Muhiimka ah qaarkood

Geedaha ayaa laga helaa manaafacaad badan, oo dadka, xoolaha, dugaagga, haadadka iyo nafleeyda oo dhan baa ku nool. Geedaha ugu muhiimsan qaarkoo waxaa ka mid ah:

Aneexo: Geed dhirta/nagaarka yaryar ka mid ah oo bixiya miro macaan oo ceeriinka iyo bisaylka lagu cuno

Cadaad: Waa geed qodxo leh oo aan dheerayn waxaa laga gurtaa xabagta ugu badan oo aad u wanaagsan oo laga ganacsado. Wuxuu ka baxaa gobolka oo dhan.

Caday: Waa geed aan qodax lahay oo geed abaareed ah. Miro kulul oo la cuno baa ka baxa, laamihiisa iyo xididkiisaba ilkaha baa lagu nadiifiyaa, lagu cadayaa/rumay. Gobolka oo dhan buu ka baxaa inyiisa badan.

Carmo: Geed laamo dhuuban iyo caleemo ballaaran leh. Wuxuu bixiyaa mire u eg kuwa canabka. Geedaha kale buu ku marmaa geela baa aad u jecel. Degmada Galkacyo, Ceel Dibir iyo Ceel Buur buu ku badan yahay. Caleenta carmada inta la qalajiyo oo la tumo baa kolkaas lagu kor shubaa dabqaad dhuxul ah oo shidan, si loogu huuriyo qofka xummadda, iyo hargabka qaba.

Cinjir: Caano badan buu lee yahay meeshii laga saro caano baa ka dareeraya. Dadka qaar baa u isticmaala oo mariya geela. markuu cadhoobo. Wuxuu aad ugu badan yahay aagga bariga Galkacyo.

Dacar: geed yar oo caleemo hilib leh oo dhinacyada qodxo ku leh iyo laan dheer oo dhabaq ka samaysmo macaan. Caleemaha dhacaan aad u xaraar oo la isku daaweeyo baa laga lisaa. Dacartu waxay shabahdaa geedka xaskusha dhanka caleemaha ballaaran, laakiin mayrax ma laha.

Dahar/Damal: waa geed har wanaagsan leh oo dooxada golol ku badan.

Dhafaruur: geed gaaban oo hurdi ah oo miro la cuno bixiya. Wuxuu leeyahay laamo dhuudhuuban. Gobolka waa ku badan yahay.

Dhunkaal: Waa geed bixiya miro cagaaran oo la cuno. Geedka waxaa laga sameeyaa waabaayo/sun. Wuxuu ka baxaa meelo badan sida baadiyaha Ceel Buur, Xarardheere iyo deegaanada ku dhow Gallkacyo. Waagii hore waranka iyo fallaarta afkooda baa dhacaanka dhunkaasha la marin jiray.

wanaagsan leh. Wuxuu ku badnaan jiray gobolka Mudug.

Garas: Geedaha waaweyn ee gobolka Mudug buu ka mid yahay, wuxuu lee yahay miro la cuno, hoos wanaagsan. Manaafacaadkiisa waxaa ka mid ah qoryihiisa/alwaaxiisa oo alaab laga samaysto.

Gasangas: Waa geed buruqdiisa dharka lagu mayrto wuxuu aad ugu badan yahay Galkacyo baadiyaheeda.

Gocoso: Iniino yaryar oo la cumo oo ay hoos u bixiso cawska loo yaqaan xaynxaydho. Markii la soo saaro waa la cunaa ama inta la dubo ayaa la cunaa ama la keydsadaa. Waxay ka baxdaa meelaha ciidda jilicsan oo cawsku ka baxo.

Gogobo: Geed kulul oo cudurada qaar lagu daaweeyo, siiba cadhada iyo wixii la jaad ah. Markii shaahu yaraado caleenta gogobada baa shah laga dhigtaa.

Gud: Geedka yicibtu ka baxdo oo dadku meela dheer bey uga soo arah tegi jireen. Waa miro u eg lowska laakiin aad uga waaweey labo qalbac weeye. Waxaa la yiraahdaa waa kuwa ugu nuxurka badan oo la gurto. Geedka gudku wuxuu ku badan yahay deegaanka Galdogob ee Gaalkacyo galbeedkeeda ku began.

Hadi: sida malmalka oo kale weeye oo waa laga ganacsadaa xabagtiisa dadkuna waxay rumaysan yihiin inuu daawo yahay.

Hohob: Geed bixiya miro la cuno oo aad u wanaagsan. Oo gobolka ka baxa.

Jeerin: waa geed ballaaran oo aan kor u dheeraan. Waxaa laga gurtaa xabad iyo miro aad u wanaagsan oo loo yaqaan quulle.

Malmal: wuxuu dhalaa xabag udgoon oo laga ganacsado. Xoolaha iyo dadkaba daawo ahaan baa loogu qasi jiray. Wuxuu ku badan yahay Galkacyo daafaheeda.

Meygaag: Geed abaareed aad u dheeraada oo laf adag oo dhuxul aad u wanaagsan leh. Wuxuu ku badan yahay Gobolka Mudug oo dhan.

Mirocas: Waa geed gaaban oo aan qodax lahayn oo dhowr nooc u kala baxa. Wuxuu baxshaa miro yaryar oo cascas oo dadku cuno. Gobolka badidiis waa ka baxaa.

Qansax: waa geed qodxo qaroofsan leh. xoolaha iyo dadkuba waa manaafacaystaan. Mayraxda ugu fiican buu lee yahay. Mayraxda waxaa laga samaystaa xargaha iwm. iyo laamihiisa oo laga samaysan jiray qaansada iyo gamuunka. Gobolka intiisa badan wuu ka baxaa.

Qeydar: Geedaha waa weyn buu ka mid yahay oo wuxuu lee yahay qodxo aad u dheer dheer, wuxuu ka baxaa meelaha balliyada oo biyuhu muddo fadhiyaan, aagga Galkacyo buu ku badan yahay.

Qurac: Geedaha dheer dheer buu ka mid yahay, oo waddanka Somalia inta badan wa ka baxaa. Waa geed muhiim u ah xoolaha iyo dadkaba waa ka faa'iidaystaa. Geelu waa daaqaa, ariguna aad buu u jecel yahay abqadiisa.

Quwaax: waa magac kulminaya geedo yaryar oo noocyo badan leh. Laamo yaryar iyo buruq hoose oo aad u macaan bey lee yihiin. Waxay ku badan yihiin dhulka dhoodida ah ee gobolka Mudug.

Rooxo: Geed-saar dhirta korkeeda isku waaba, bixiya miro macaan oo yaanyada guduudan u eg, dadkuna aad u jecel yahay.

Sarmaan: Geed aan aad u dheerayn oo qodax leh, waa geed ay riyuhu aad u jecel yihiin. Xididkiisa waxaa laga sameeyaa asalka. Gobolka intiisa badan waa ka baxaa.

Xarar: waa geed abaareed aad u weynaada oo laf adag leh qoryihiisa wax lagu dhisto. Gobolka aad buu ugu badnaan jijey, laakin magaalada Hobyo aagga u dhow kama baxo. Wuxuu gaaraa dhererkiisu 15 miter. Magaalada Xarardheere waxaa ku ooli jiray xararo aad u dheer dheer.

Xaskul: wuxuu leeyahay caleemo dheer dheer oo sidii warmaha ah, qaarka danbe way u buuran tahay, afka kore waxay ku leedahay irbad dhuuban. Xargaha iyo wax yaalaha la mid ah baa laga sameeyaa ama laga soohaa. Wuxuu aad uga baxaa aagga Ceel Buur.

Unuun: Geed sida qaraha u eg sidiisana u faafa oo bixiya miro kharaar. Waana la isku daaweeyaa. Wuxuu ka baxaa meelo badan ee gobolka Mudug.

Qoys negi

Xarar

Qurac

Carmo

Qansax

Cadaad

Gogobo

Gud

Gasangas

Caday

Ganacsigii gobolka Mudug

Magaalada Hobyo waxay ahayd xaruntii ganacsiga gudaha iyo dibaddaba ee gobolka Mudug.
Gobolka Mudug waxaa ka jirtay dhaqdhaqaaq ganacsi iyo isku socod badan ee gobolada kale ee Soomaaliya dhammaadkii xilligii 1890-1900. Dadka tiradiisu ma badnayn marka loo eego xilligaan aan joogno hadda ee 2018.

Dadka gobolka ku nool waxay ahaayeen xoolo dhaqato intooda badan, iyadoo ay jirto dad xoolo dhaqda ganacsina ku jira, sidaas iyadoo ay jirto ayaa waxaa ka socday gacansi aad u horummarsan. Ganacsigaas waxaa asal u ahaa xoolaha gobolka oo aad u badnaa.

Sida caadadu ahayd xoolaha ishkinka lama gadi jirin wixii laga fursan waayo aan ka ahayn. Suuqa waxaa la keeni jiray orgi, wanan, hargo xoolaad oo tiro badan iyo hargo shabeel.

Waxaa suuqa lagu kala iibsan jiray alaabooyinka sida: subagga sixinka, badarka, burka, timirta, shaaha, bariiska, sonkorta, qaxwaha iyo saliidda. Waxaa kaloo ka mid ahaa ganacsiga dharka sida: marduuf (maro adag oo aan qurux badnayn), Walaayati-da (dhar cudbi ah oo dun cad iyo mid madow oo isku jarjaran ka samaysan), bafto oo ah maro cad iyo darmooyin.

Waxaa kaloo jiray magaalada Ceel buur oo caan ku ahayd falkinta iyo qurxinta darmooyinka, salliyada iyo wixii cawda laga samayeeyo oo dhan.

Gaalkacyo iyo Xarardheere waxaa lagu samayn/tumi jiray qalabka

biraha sida: Mindi, tooreey, waran, koombooyin wax lagu beegto iwm. Waxaa ku yiil hoosooyin biraha. Waxaa kaloo alwaaxda laga samayn jiray: Xeero, Fandhaal, qudde, qabaal, mooye iwm.

Ganacsatada oo dhan waxay ku xirnaayeen magaalada Hobyo oo ahayd meesha wax ka soo degaan. Hobyo waxay lahayd 116 ganacsato, Xarardheere 18 ganacsato, Ceel Buur 22 ganacsato iyo Gaalkacyo 27 ganacsato. Waxaa kaloo jiray ganacsato ka imaan jirtay dhanka Wardheer ilaa Itoobiya.

Dakhliga kastamka

Taariikhda bilow	Taariikhda dhammaad	Dakhliga Lire
November 1925	June 1926	506,677.43
July 1926	June 1927	647,568.95
July 1927	April 1928	597,972.05

Xigasho: Renzo Meregazzi

1
2
Obbia vecchia.
Obbia - La residenza e le moschee d'Ali Jusuf con capanne nel vecchio villaggio.

3

Masawirka:

1. Waa guryihii hore ee magaalada Hobyo
2. Sartii Suldaan Keenadiid Yuusuf Cali iyo masaajid, Hobyo
3. Barxaddii Hobyo

4

5 6

4. Nabadoon reer Hobyo ah
5. Suuqii magaalada Hobyo
6. Bilowgii dekedda Hobyo iyo xaafaddii

Gabay iyo Geeraar

1917-1925

Haddii aan dunta heense, Dunjigeed u dhammeeyo ,
Annagoo isku duuban, Uu dafleeyo raqlaa

Painting of a portrait of Yusuf Ali Kenadid by Luigi Robecchi Bricchetti, 1889

REER HOBYO -Gabay 1-

Hobyo iyo Ceelhuur waxay ahaayeen labo magaalo oo aad loo deggan yahay. Waxaa ka dhexayn jiray in gabayga lagu xifaaltamo. Cismaan Yuusuf wuxuu degganaa Ceelhuur.

Gabayguu u tiriyey reer Hobdoodka waa kan, waa 21 beyd oo T.

1. Talo seeg ninkii Reer-Hobyow tol idin moodaaye
2. Tirabbuurka mooyee ma ogi waxaad taraysaane
3. Tiirriyo islaan laguma arag taydin damacdeene

4. Toog keliya kama leexataan tubatan Ceelhuure
5. Sida taarashkii baad waddada ugu taxnaydeene
6. Waana soo tammadisaan sidii tacab idiin yaale

7. Waa idin tartiibnaa annana talo Ilaahay e
8. Idinna tiinna goortaad jirtaan nama taqaanniine
9. Markii toogo lay lee yahaa nala tebaayaaye

10. Tusmadii ka bayrtiyo halkii idinku toosnaaye
11. Tahna midaan ogeyn buu khatali tamashlihiinniiye
12. Waxaa tahan idiin garan ninkii taga rugtiinniiye

13. Rag hadduusan tawfiiq lahayn tacaddi weeyaane
14. Tabtuu kugu falaa axad walbaba loo tixgeliyaaye
15. Temminkeeda jaasada ninkaan tebini waa liide

16. Ka tashooni oo sooryadiin waa ka taa'ibaye
17. Nin kastaad tihiin aniga waan toogo iga hayne
18. Intaan idinka taakumin lahaa toban ma gaaraane

19. Haddaan teedka laga soo dhacayn tiirarka u aasan
20. Tebbed xirani saas kuma furmee tumidda aashiinna
21. Hana layga tago waa abaal tiinki soo galaye.

Xeebta Hobyo 1878-1925

Fig. 26 · La casa del Sultano di Obbia

Magaalada Hobyo xaruntii saldanadii-Hobyo 1878--1925

MA DARUUR CURATAA? -Geeraar 2-

Waa geeraar uu ku tilmaamayo faraska, waa geeraar -d- 52 beyd.

Toddoba waxyaalood buu faraska ku tilmaamay:

1. Daruur curatay 2. Dayuurad kacday
3. Duufaan qarxatay 4. Dabayl socota
5. Dilaa meleg 6. Shiikh daahiray
7. Dawaar rogmaday.

Ma daruur curataa?
Ma dayuurad kacdaa?
Ma duufaan qarxataa?
Ma dabayl socotaa?
Ma dilaa meleg baa?
Ma shiikh daahiray baa?
Ma dawaaar rogmadaa?

Ma daruur curataa? Ma dayuurad kacdaa? Ma duufaan qarxataa? Ma dabayl socotaa? Ma dilaa meleg baa? Ma shiikh daahiray baa? Ma dawaaar rogmadaa?

1. Muquufkaan ku dabaaliyo 2. Dawanqaadka sitaaciyo
3. Makhaanaa an ku daahiyo 4. Koorihii duudka sareetiyo
5. Baridhawrka ku daatiyo 6. Haddii aan dunta heense
7. Dunjigeed u dhammeeyo 8. Annagoo isku duuban
9. Uu dafleeyo raqlaa 10. Dadku waa u kacaayoo
11. Daawashuu u baxaaye 12. Ma daruur curataa?!

13. Daaqaddiisiyo xooggu 14. Bir la duubay sideeda
15. Debci maayo wiqiise 16. Hadduu daacaddi boodo
17. Amaan meel u dawaafsho 18. Geeduhuu duminaayiyo
19. Diyaankaa la maqlaaye 20. Ma dayuurad kacdaa?!

21. Hadduu dooxo bannaan iyo
22. Dibir meel ah ku roori
23. Habaaskuu dafiraayey
24. Duniduu qariyaaye
25. Ma duufaan qarxataa?!

26. Daamankeeda Nugaal iyo
27. Docmo meel la lahaa iyo
28. Doh iyo ceelka Awaariyo
29. Dalka kiisa shisheeyiyo
30. Meel kastoo lagu daaluu
31. Hal daqiiqo maraaye
32. Ma dabayl socotaa?!

33. Hadba duulal islaan iyo
34. Dudduu baabbi'iyaayoo
35. Hadduu beelo u duulo
36. Degmaduu ka balleeyo
37. Diricyaal uu ka laayiyo
38. Duunyaduu ka eryoodiyo
39. Dareen buu geliyaaye
40. Ma dilaa meleg baa?!

41. Duwanow quruxdiisiyo
42. Doorranaanta hannaankiyo
43. Sida Daa'in u uumay
44. Daymadaad dhugataa baa
45. Qalbigu diib ku noqdaayoo
46. Dawaa kaaga siyaaddee
47. Ma shiikh daahiray baa?!

48. Afartiisatan duubi
49. Darandoorriga qoobka
50. Jeenyihiisa dawaafi
51. Dadaalkooda fudaydku
52. Ma dawaar rogmadaa?!

Gabayo

1925-1930

- **Fallaagadii dhacday**
- **Xabsiga Xamar**
- **Qaxii**
- **Aafooyinka**

In bilaash naloo haysto waa kuu baxsoon tahaye
Birjoonaha' waxay noo gesheen baaddil iyo xooge
Bannaankiina noo qoonsadiyo baaraxnimadiiye. Suldaan

Cali Yuusuf iyo wiilkiisii Yuusuf Suldaan Cali Keenadiid) iyo odoyaal kale oo laga sii daayey gurigii ay ku xirnaayeen ee Mogadishu.
April 1926 Magadiscio

Hobyo oo talyaanigu qabsaday bisha xays 1925

Il suldaan Cali Yuusuf Keenadiid, ehelkiisii, iyo odayaal ka mid ahaa maamulka Hobyo, ayaa lagu soo xiray Xamar ka dib markii Talyaanigu Hobyo qabsaday.

BOQOR CISMAAN III AUN

Fig. 5 - 'Boqor' Cismaan Maxamuud, sultano dei Migiurtini.

1866: Ayaa loo caleemo saaray Boqor Cismaan III, Wuxuu jiray 18 gu. Waxaa lagu caleemo saaray magaalada Barrgaál, halkaas oo guri aad u weyn looga dhisay.
1927: Waxaa dhulkii Boqorku ka talinayey qabsaday Talyaaniga. Waxaa lagu xusuustaa dagaalkii dheeraa oo dhex maray Talyaaniga iyo Majeerteen oo hoggaaminayey Boqor Cismaan III xilligii 1924 – 1927.

Aabihiis: Boqor Mohamuud IV Boqor Yuusuf IV Boqor Cismaan II.

1. ***Boqor Cismaan III Boqor*** **Maxamuud IV** *iyo laba wiil uu dhalay baa la horkeenay Governatore Di Vecchi. 27.09.1927 Talyaaniga oo la wareegay guud ahaan dhulkii uu Boqor Cismaan ka talinayey oo Xaruntu u ahayd Baargaal.*
2. ***Xaafuun 1927****, waxay ka mid ahayd xarumihii Boqor Cismaan oo Talyaanigu duqeeyey.*

FILKAAGAASI NUUROW -Gabay 3-

Cismaan wuxuu ku halqabsanayaa wiilkiisa **Nuur Cismaan Yuusuf** oo yaraa sida ka muuqata gabayga. Waa qabsashadii Hobyo oo Talyaanigu qabsaday. waa gabay -F- 36 beyd.

1. Filkaagaasi Nuurow ma oga faallaha adduune
2. Anse heedhe fiiriyo hammiga waa ma faaruqo e
3. Feekerka i hayaa waa intaan kaa fac weynahaye
4. Falaaddadatan ii muuqday iyo felegga meeraaya
5. Fidnada soo siyaaddiyo xarbadda faaftay dunidoo dhan
6. Fasahaadda jahadii gashiyo foosaska is dhaafi

7. Faanfaanka baaqdiyo tashiga lagu fadeexoobey
8. Foolxumada aadnigu mutiyo kala firdhaadkooda
9. Finfiniinka khoofkiyo cabsida lala fallaagoobey
10. Fakashada la kala roori iyo uunka kala fiigi
11. Fadhi li'ida joogtiyo arlada firadu duulayso
12. Fooraha dhacaayiyo waxay fiintu ka ciyayso

13. Fasallada samaankaan arkiyo facalka ceebeede
14. Sidii la isku faanbiyey qalbigu ima fayoobeyne
15. Aduun baa farxaan ahe beryaha ma anan fiicnayne
16. Firxad baa adduunkii ka haray amase foognaane
17. Fiid iyo dharaar nool dareen fool leh baa imane
18. Wuxuu fali la moog haatan waa fooraraa weliye

19. Farsamada Rabbaw weliya oo fuliya xaal noole
20. Ninba faraqa waxaa haysta tii waa fog loo qoraye
21. Faral dhacaya weeyaan wuxuu fali Ilaaheene
22. Faseexad iyo maantii adduun feydo laga waayo
23. Waxba kuma filnoo aadanuhu fuquro weyaane
24. Hawlaha wax kaa feydi kara Faxaneheenniiye

25. Falligiisa waasaca ah baa laga fishaa khayre
26. Isagaan farriin door ah iyo farax ka dhawrraaye
27. Mar uu furaba waa laga sugaa faraj Ilaaheene
28. Xaalki fadqalallo ah arrimi waa ku firirtaaye
29. Nin fahmo lihi xaajada dib buu faaqida hayaaye
30. Farma'duu la soo boodayay fadaqa seegtaaye

31. Ma fiicnaado weligiis tashaan loo fariisaniye
32. Intii anay wax falin bay hortii fiirsataa gobiye
33. Fikrad nimaan layayn iyo gun baa fudud abiidkoode

34. Inuu feeyigaadaa nin raga waw fariidnimo e
35. Anse fiigid ramalkii an dhigay ii fasixi waaye
36. Ha i fededin waa suga hayaa faalka ii baxaye.

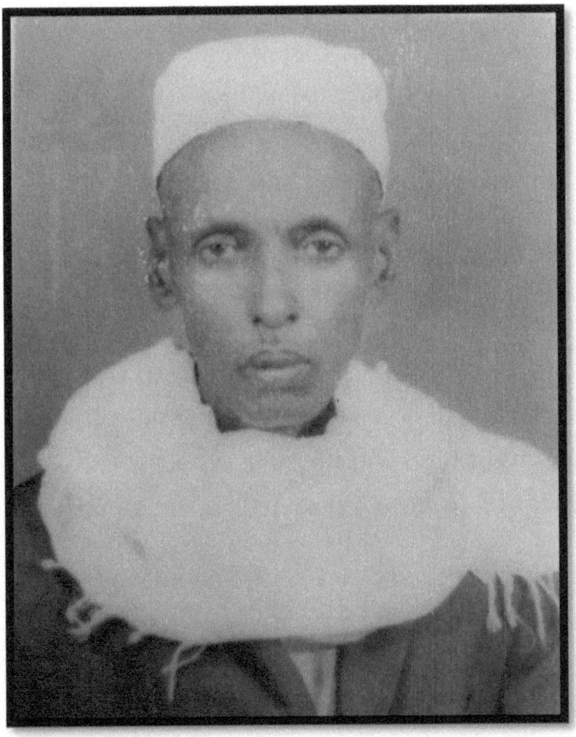

Nuur-Abbaas Cismaan Keenadiid AUN

EEBOW DANIGA AADANUHU -Gabay 4-

Waa uu Cismaan Yuusuf tiriyey isagoo xabsi ku jira, waa gabay -D- 21 beyd.

1. Eebbow danniga aadanuhu delidhac weeyaane
2. Docdii noo eg bay hawadu naga duweysaaye
3. Nagana daahan xaal aannu mudan labada daaroode

4. Dib wixii u raagiyo wixii soo degdega haatan
5. Naftu say darraan moodi iyo sida ay dooneyso
6. Kii door ah adigaa ogsoon nagase diimmoone

7. Diif cudur dareen iyo colaad laga digniin keeno
8. Waxaan daaqo loo haynnin iyo dacas hadduu joogo
9. Adigaa daraaddaa khalqigu kaga dawoobaaye

10. Dadku wuxuu ku liibaani jirey inay duceystaane
11. Hadday kugu durraantaan baryada dan ay lahaayeenba
12. Dadaal iyo dhaqsaa la arki jirey inaad u deeqdaaye

13. Digrigiyo quraankaa ninkii dagani tuugaaye
14. Durba waw ajiibtaa addoon Daa'imow yiriye
15. Daa'irada adigaa u fura diiq ninkii gala e

16. Wax kastoo daruurad ah adaan lagugu diideyne
17. Darbo lagu hungoobiyo waxsiin dil iyo noolaansho
18. Waxa dunida joogaa sidaad damacdo weeyaane

19. Ninkii dowlad sheegtaa aduu kuu daliil yahaye
20. Dulmi haddii uu qabo ruux muslina waw danqumisaaye
21. Bal na day waxay nagu rideen dabaq ciriiryoone

QUDRADDAADA EEBBOW -Gabay 5-

Gabaygaani wuxuu ka mid yahay gabayadii Cismaan tiriyey intuu ku jirey Xabsiga Dhanaane
Ilaah buu baryayaa, dhibaatada Xabsiga taalna wax buu ka tiltilmaamayaa. Waa gabay -Q-18 beyd.

1. Qudraddaada Eebbow adaan qolona dhaafayne
2. Qawlkii ad kaa soo fulaa qoonsimaad ma lehe
3. Wax qalloocday amarkaa ninkaan qaabbil ku ahayne ***
4. Qawaaniin haddii uu lahaa la qas adduunkiiye
5. Qunyar baa nimaan biito dhimin loogu ridan qoole
6. Wixii ku qumman garan waa midkii qeydaddaar ahiye ***

7. Naga qariye dunidii intay nagu qodbeen daare
8. Albaabbada qafilan goor walbaba qooladaha riixan
9. Qalab la xafidaayaan sidiis qiiman nahay meele ***

10. Halkaan ruuxu qaayibi karayn ee qalbigu diidi
11. Qurun lama dhoweystee wixii lagu qushoobaayo
12. Qudha kalama yaabniyo naftii qaaliga ahayde ***

13. Qaneecaad haddaannaan lahayn ma qummanaanneene
14. Qaabkaannu joogniyo wixii qahar nasoo gaarey
15. Quwaddaada goortaan daynnaan kaga qabownnaaye ***

16. Qallihii ad keentiyo waxaad qaybisay noqone
17. Qareenkiisu waa adi ninkii qulubsan maantaase
18. Qiil noo fur khayrkaagu waa lagama quustaane ***

EEBBOW KOLKAAN BAAHANNABA -Gabay 6-

Gabaygaani wuxuu ka mid yahay gabayadii xabsiga gudihiisa lagu tiriyey. Waa gabay -B- 24 beyd.

Sida kuwa la midka ah buu wuxuu isugu jiraa Ilaahbari iyo foolxumada xabsiga oo uu wax ka sheeg sheegayo.

1. Eebbow kolkaan baahannaba waa ku barinnaaye
2. Biid kaa dahsoon lama arkiyo baab ad moog tahaye
3. Bareeriyo qarsoodiba aduu kuu bayaan yahaye

4. In bilaash naloo haysto waa kuu baxsoon tahaye
5. ‘Birjoonaha’ waxay noo gesheen baaddil iyo xooge
6. Bannaankiina noo qoonsadiyo baaraxnimadiiye

7. Hadba inaan beddelannay maryuhu bilic ku yeeshaane
8. Sida niman badaawiya hubkii nagu basaasowye
9. Waa baali iyo duug midkii bayl ahaan jiraye

10. Bedenkoo dhan iyo oogadii bi’i habaaskiiye
11. Biyahaannu moogaanney iyo boorka nagu duulay
12. Beerreey sideedaa jirkii bey na lee yahaye

13. Barbar inaan u nuuxnuuxsanniyo bixid naloo diidye
14. Barqiyo fiidba waxaan yuururnaa beyd ciriiriyahe
15. Ninba baaldi baw yaal qol aan baaci le’ekayne

16. Baasaha colaadeed halkii biimo iyo khoof ah
17. Birtoo dhiig leh meeshii xumee rag isku boobaayo
18. Adigaa bariin kara ninkii biqi ayaantaase

19. Burdihiyo quraankaaga waa lagu badbaadaaye
20. Hadba waxaan bilawnnaa asmada belaxijaabkaahe
21. Beri noolba waxaa noo ratiban Baraa iyo Yaasiine

22. Bisimmadiyo awraadsigaan badinnay tawxiidka
23. Bacdigii salaadaha intaan kugu baryoonaynney
24. Ha naga baajin kuma aammin xumin barakadoodiiye

Beydadka 19-24- oo far soomaaligii hore ku qoran.

SU. ℋᴧ7O9Ƨ9Ɛh ℋᴧ7ϚƨℋϚℛS ℏϚ ∩Sℛᴧ ℋSOℋϚOϚƐL

Ɛ0. ƧSOℋS ℏSΠϚƨ ℋ9∩Sℏ ƨϚ SƷƼSOS ℋL∩SΠ9ΙϚℋℋϚƧL

ƐS. ℋL 79 ƨm∩ℋS ℏSΠϚ ƨm 7SϞ9ℋSƨ ℋS7Ϛ 9Ɛh ƐϚƷƐƨL

ƐƐ. ℋ9Ʒ9ƼƼSO9Ɛh Sℏ 7ϚOƷ9ℛϚƨ ℋSO9ƨƨSƐ Ϟhℏ ΠƐOℋS

Ɛh. ℋSℋO9ℛƐ ƷS∩ϚOSƧS 9ƨϞϚƨ ℋᴧℛᴧ ℋS7Ɛmƨ SƐƨƨSƐ

ƐX. ƧS ƨSℛS ℋϚΙ9ƨ ℋᴧℛS ϚƼƼ9ƨ Πᴧ Ƽ9ƨ ℋS7SℋSOmOƐƐL

C A D D A A N -Gabay 7-

Caddaan waa nin Cismaan ay isku barteen Xabsiga. Caddaan wuxuu ahaa nin lagu tilmaamo dadka aan dhiigga furnayn oo kajan baa loogu baxshay caddaan. Caddaan wuxuu arkay Cismaan oo cuntada xabsiga diidaya oo ka eed sheeganaya, markaas buu isku deyey inuu Cismaan ku khasbo cuntada xabsiga. Gabaygaan buu Cismaan ka tiriyey arrintaas, waa gabay -K- 30 beyd.

Kuuni: Faras ka mid ah kuwii Cismaan Keenadiid
Kooxdhaan: Faras ka mid ah kuwii Cismaan Keenadiid

1. Kaa tiri Caddaanow naftaan keeni kara hayne
2. Arrinkaad kalgacal iiga dhigin kul igu weeyaane
3. Kashif iyo waxaa iigu sugan ceeb kabaa'ira e

4. Hadduu kol iyo labo dhaafo hadal waa karaahiyo e
5. Kelmedahaad i leedahay hammay ii kordhinayaane
6. Ku yar bal iga hoo xaal aan loo kaadsan baan nacaye

7. Horba waxaan ku soo koray saldano nalaku kuunyaaye
8. Kallifaad ma mudan meetan iyo kicitinkaygiiye
9. Kasab dowladeed baan khalqiga kaga ahayn kaane

10. Gammaan lagu kadleeyaan bartiyo koore oogadiye
11. Sengeyaal kibraa ii ahaa kabo sidoodiiye
12. Hadba Kuuni baan fuuli jirey amase Kooxdhaane

13. Daaraha sidii guri kunbuni kibinno loo yeelay
14. Kuraastiyo sariiraha ninkii kora la diismaaya
15. Kensi dahaba lacagtoo ka badan kuman alaafaada

16. Dhallinayaro kaftami caaqiliin kood u wada joogta
17. Askaro kaarran waardiyaha oo nagu kormeeraaya
18. Kabkabtii khaddaamiinta iyo kuray adeegaaya

19. Kebesh buuran hilibkiis nin raga loo kalaankaliyo
20. Kurrado caano lagu soo shubiyo Kooban lebenkeeda
21. Kasoofeenka goortaas ahaa ama karuur yaalla

22. Aniguba kasaaddiyo nicmada soo kadbaday waaye
23. Kafalkii samaankiyo wixii nagu karaamoobey
24. Adigaygu kaakicinayee iguma hayn kaare

25. Kiiwaanku suu noo naxsiyey kadan buruudkiiye
26. Xumreyaasha aan kahan hayiyo Kaafka igu taagan
27. Kaanleyda igu waalatiyo Kowshadka i maagay

28. Kurbo iyo xanuun ma leh wuxuu keeno Eebbahaye
29. Kasha iyo hammiga igaga jira kubada uurkayga
30. Waxba yay i kululayn Ilaah wayga kaafiyiye

Gabayo, Jiiftooyin iyo Geeraarro

1930-1960

Dhacdooyinkii: Xornimo iyo qaranimodoon

Doorkii iyo halgankii SYL

- **Kala qaybintii ummadda soomaaliyeed**
- **Iyo tusaalooyin kale**

Gaashaanle Sare Xirsi Cismaan Keenadiid AUN

Giorno benedetto!

a Yassin Hagi Osman Scermache

Si ode il tripudiar, nei secoli lontano,
degli eroici avi che giammai disperarono.

Si ode il tripudiar, lontano in avvenire,
dei fortunati posteri che questo dì benediranno.

Si ode il tripudiar di loro: morti e nascituri;
Si ode il tripudiar di noi: vivi, attoniti e memori,

Per esaltare Te, Giorno Benedetto!

Y
S
L

Esultano le spose e le figlie,
le sorelle e le madri
al ritrovar, negli uomini loro,
l'antica libertà dei Padri.

• • •

La grande scintilla
oggi è scaturita da cuori ansiosi:
l'impavida luce, le tenebre
ha dissolte per sempre.

La nostra amata terra, le antiche,
virili consuetudini, gloriosa fonte
di feconde opere per noi saranno
sempre nei secoli.

Yaasiin Cismaan Sharmaarke AUN: wuxuu hindisy inuu dhiso urur dhallinyarada Soomaalida midaynaya. Wuxu Ciidankii Ingiriiska ee Somalia xukumay ka codsaday oggolaansho, isagoo codsiga ku sheegay rabitaankiisa ah inuu dhallinyarada barayo luuqadda English iyo qoraalka Far Somaliga (Cismaniya). Maamulkii Ingiriisku waa oggolaadeen codsigii. Meheraddii **Cali Kaare** ee Ceelgaab oo lagu gadi jiray wargeysyada dibadda ka yimaada, ayuu warqad ku dhajiyey darbigeeda. Ujeedooyinkiisa waxbarasho ayuu ku qoray warqadda, isagoo ku caddeeyey meesha isaga laga helo.

Cismaan Sharmaarke Yuusuf

Haji OSMAN SCERMARCHE

"Isimka Alle hadalkayga waaka abda'ayaaye
Alxamdu-lilla dabadeedna waa ku akidayaaye
Abtar weeye shaygaan midkood laga abuurayne" Cisman Sh. Y

Wuxuu ahaa guddoonshaha fadhiga Saldanada Hobyo. Wuxuu ahaa shiikh caalim ah. Wuxuu dhalay aasaasihii SYL Yaasiin Cismaan Sharmaarke. Wuxuu la dhashay Na'ib Cali Sharmaarke Yuusuf oo dhalay Madaxweynihii u danbeeyey ee dawladdii rayidka Somalia MW Cabdirashiid Cali Sharmaarke

Madaxwene Cabdirashiid Cali SHarmaarke

6 July 1967 – 15 October 1969

Duubiga hore ee Hodawladdii Somalia

12 July 1960 – 14 June 1964

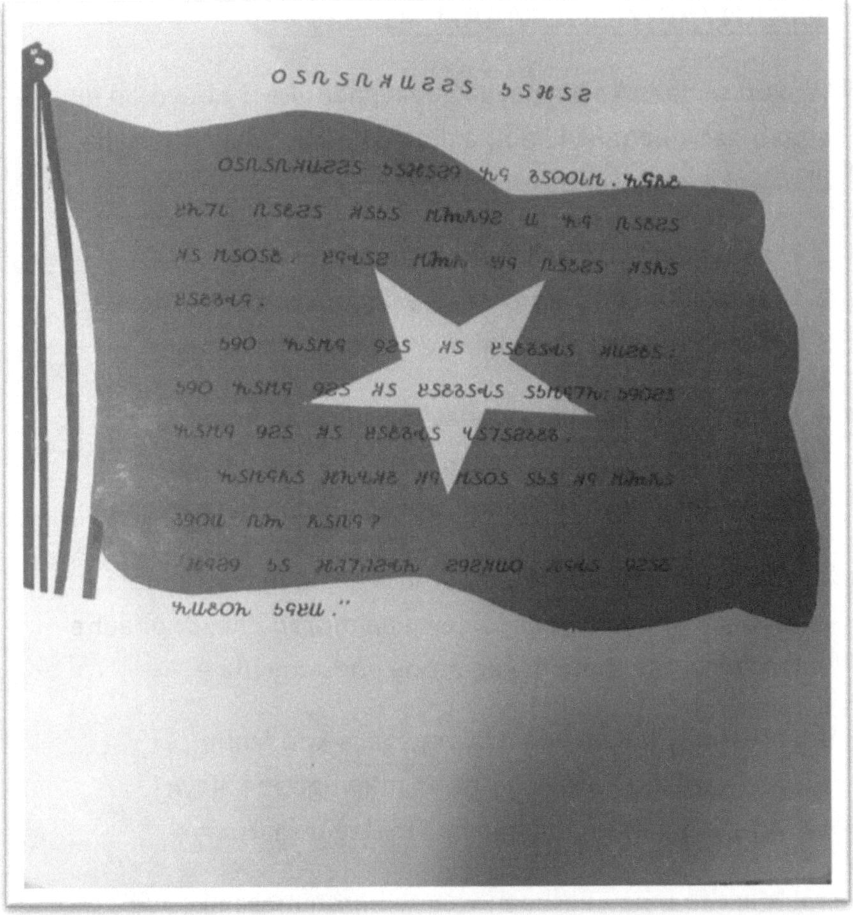

Buugga Kowaad, Afkeenna iyo fartiisa 𐒁𐒓𐒌𐒌𐒖 𐒏𐒙𐒓𐒛𐒆, 𐒖𐒍𐒏𐒜𐒒𐒒𐒖 𐒘𐒕𐒙 𐒍𐒖𐒇𐒂𐒘𐒕𐒈𐒖
Goosanka Afka iyo Ssuugaanta Soomaalida
𐒌𐒝𐒈𐒖𐒒𐒏𐒖 𐒖𐒍𐒏𐒖 𐒘𐒕𐒙 𐒈𐒓𐒌𐒛𐒒𐒂𐒖 𐒈𐒝𐒑𐒛𐒐𐒘𐒆𐒖

Farta calanka ku dhex qoran:

Calanka dhexdiisa waxaa ku qoran sidaan: Dalalkeenna maqan Dalalkeena maqan waa saddex. Waagii hore layna kama xoogin ee waa layna ka xaday. Haatan xoog baa layna kaga yaystaa. Mid waxaa ina ka haysta Kenya. Mid waxaa ina ka Haysta amxaaro Midna waxaa ina ka haysta Fansiis. Waxaaga qofkii kaa xada ama kaa xooga sidee loo galaa? Qaani ma qurunto ninkeed qaata inay weeydo maahee.

MAANYARIYI SOOMAALI -Gabay 8-

Wuxuu tilmaan ka bixinayaa gabaygaan -M- 33 beyd oo guud ahaan hab dhaqanka Soomaalida u badan tahay arrimaha dhaqanka, siyaasadda, diinta iwm.

1. Maanyariyi Soomaali waa meheraddeediiye
2. Maslaxaddeeda garan weydey iyo marin ku toosnaaye
3. Macnahay ku noolaan lahayd maluhu siin waaye

4. Maamuus la'aan lagu waday moodayaan nolole
5. Miisxumada haysiyo dulligu waw macaan yahaye
6. Mabsuud weeye badidood waxay mudan hayaan ceebe

7. Muslinnimada sida loo mudmudi kama masayraane
8. Maqaamxumida waxa joojey waa muran dhexdoodaahe
9. Iyagaysu muuqana hayee moog adduunyada e

10. Murtiday lahaayeen diliyo magaca koodaahe
11. Muwaafaqo kolkii laga gefaa mawtigood galaye
12. Anigaa ku miro dhaama baa meleg u saarraaye

13. Macrifo uma yeeshaan wuxuu baran masaalkoode
14. Macaamilada aadnigu ku jiro laga madoobeeye
15. Martabada adduunkiyo cilmigu umaba muuqdaane

16. Magan bay shisheeye u yihiin meel la joogaba e
17. Maalin noolba niman baa ku fala waxay muraadaane
18. Muquunay ku joogaan sidii maal la leeyahay e

19. Raggay madaxdu ka xumaato waa marin habaabaane
20. Kuwa maqaddinnada looga dhigay waa manfaco raace
21. Mar maxaad cuntaa keliya buu yahay muraadkoode

22. Nin mushaaro eexayn hayaa waa miskiin dhab ahe
23. Muddeec waxa ka dhigay waa inuu maarmiwaa yahaye
24. Muddaafacana seeg iyo inuu maya yiraahdaaye.

25. Culimmadana damac baa melgoo mooyi say tahaye
26. Milladdiyo shareecada bar baa maal ku iibsadaye
27. Marsiis iyo fudayd buu ku dhacay magane diinkiiye

28. Maangaabka iyo ways hayaan kii mufti ahaaye
29. Ardadaa mujaddilo la geli macallinkeediiye
30. Midkii dhawr mas'alo soo bartaan maaro loo heline

31. Makaskiyo intii caamo bay madax wareershaane
32. Hadba xaal muraad lagu wataa layna maqashiine
33. Waana waxaan Minhaajkiyo Tuxfaha meelna kaga oole.

UNHCR
The UN Refugee Agency

Magan bay shisheeye u yihiin meel la joogaba e
Maalin noolba niman baa ku fala waxay muraadaane
Muquunay ku joogaan sidii maal la leeyahay e

WILL YOHOW ADDUUN IBA-DHAMMAAN -Gabay 9-

Wuxuugabaygaan -B- 48 beyd ku tilmaamayaa adduun iyo is beddelki. Xaaladda adduunku siduu u socdo, isbeddelada ka dhex dhalanaya. Somalia gumaysiga iyo xornimo la'aanta haysata iyo isbeddelka eek u yimid dhanka dhaqanka iyo iwm.

1. Will yohow adduun ibadhammaan lagama eegeyne
2. Inkastoo la soo urursho waa waxaan ebyoomeyne
3. Ninkii eexadaa ka hel isyiri waw aqoon xumo e

4. Ikhtilaafka xaalkiisu yahay waa ahaan jiraye
5. Eel buu la soo bixi kolkii aammin loo filo e
6. Axwaalkiisu meel buu wiqiis iin ku lee yahaye

7. Arrin baa u dabataal waxaad ku arki maantaase
8. Abaar iyo barwaaqaa isxigi labo ayaamoode
9. Illeylkiina waxaan joogin baa iman dharaartiiye

10. Asal siima yeeshaan wixii lagu ogaa jeere
11. Intifaaca lagu raacayaa aayatiin ma lehe
12. Waa waxa abuurkaba khatalay u indhataaggiise

13. Iddi kii ku haystiyo kan kale waa isku itaale
14. Ummaddii horeetiyo raggii ku ijtihaadaayey
15. Iyagaan ka oonbeelin bay ka intiqaaleene

16. Irsaaqaddatan loo roorayaa waa iska intiiye
17. Ninna wixii ayaankiisu yahay lama ogeysiine
18. Idankuna wuxuu dhacay maraan laba abuurrayne

19. Ummuuro istusa hayaa dadkuna oofso lee yahaye
20. Axad waliba xaalkaa ebyuu uurka ku hayaaye
21. Ilaahayna sida uu wax oran aadanuhu mooge

22. Aqoonyarana Soomaali bay iil ka dhaadhicine
23. Arrinxumo ninkeedii intuu eedayaa badane
24. Asbaab ay dhigeen buu ku yimid amarka haystaaye

25. Ikhtiyaar la waa iyo xornimo ku isticmaalkeede
26. Sida addoommadii baa khalqiga loo adeegsadaye
27. Ammiir talin jiriyo waa sinmeen inan-gumeedkiiye

28. Uunkuna xumaa oo wax dhacay aakhirusebene
29. Ixsaan badan ninkii kaa qabaan kuu abaalgudine
30. Ammaanna waadan ka helayn midkii aw la lee yahaye

31. Ehel iyo sokeeye isxigaa eedi kala geyne
32. Abbaartood ma kala hela hayaan odiyo wiilkiise
33. Ardina waa ku dhaafsana hayaa ina'adeerkaaye

34. Arkimeysid sebenkaan wixii aaddanaan jiraye
35. Axdi kaad la dhigataan hadhow loogu imanayne
36. Inkastaad ikhyaar tahay nimaad aammintaan jirine

37. Ab horeeto sida uu yahaa ubadku raacaaye
38. Oogada koray uga eg tahay uliba geedkeede
39. Afcaashaad ka garataa ninkii odiyonneeflaahe (odiyo-neeflaz ahe)

40. Isirxumo midkii lagu yiqiin ama aqoongaabi
41. Adduun badan hadduu helo khalqigu waa ku ururaaye
42. Hadbana kii anfaco haysta yaa la oggolaadaaye

43. Amarti iyo haway kula galaan edegga xoolaade
44. Ictiqaad xun baw baxa ninkii aad u taajira e
45. Asaaggiis ma fiirshiyo inuu eynigiis jiro e

46. Adeegii midiidimi jiraa Eyro foofsadaye
47. Intii cayr ku soo ababtay baa aqallo waaweyne
48. Ummuuraha beddelan baa ninkii ogiba yaabaaye

NIN WALIBA WIXII LAGU DHALAY -Gabay 10-

Soomaalidii xoolo dhaqatada ahayd oo hadda tabac lacageed galay. Ereyadaan maqalkooda ayaa soo batay:

Iimaan la'aan

Dhabcaalnimo

Jaajuusnimo

Dhawaaqa dullaaleeyda

Iyo naxariis darrof

Waa gabay -Dh- 27 beyd.

1. Nin waliba wixii lagu dhaluu dhab u yaqaannaaye
2. Dhaqaalkeedu Soomaali waa dheefta duunyada e
3. Rubbadaha dhalaaliyo waxaa dhumiyey moodkiiye

4. Intay dhaqan hayeen xoolahay sidatan dhaameene
5. Dhibaatadiyo baahidana waw dhabar adkaayeene
6. Xurmada la isku dhawraana waw wada dhacsoonayde

7. Markii lacag dhabiisheed gashay kala dhaqaaqeene
8. Haddii ayan ku dheeleyn iyadu lama dhibtoodeene
9. Kaan dhigani maantaas inuu dhiman ma moodeene

10. Dhabcaal iyo bakhayl aadnigii kuma dhammaadeene
11. Jaasuuska dheelmani xumaan uma dhuhleeyeene
12. Qaalliyaashu kuma dhiirradeen dhagar ay eexdaane

13. Dullaalladu dhawaaq iyo cilaaq lama dhukaameene
14. Suuqyadana dhaar been ah iyo dhirif ma joogeene
15. Dukaanley dhadhaab iyo qalbiga dhagax ma mooddeene

16. La is ku ma dhowaadeen kufriga lamana dheeheene
17. Dhallaankiyo khalqigu waalidkii dhalay ma dayrsheene
18. Naaguhu ma dhaafeen xilkii mana dhilloobeene

19. Badahaas dhib weyn iyo khatar ah laguma dhoofeene
20. Tuugadu dhurwaayada sidood uma dhaceen reere
21. Hawana lama dhaqaaqdeen dadkii dhawrsanaan jiraye

22. Gaalada dhulkeennii timaa dhalisay caynkaase
23. Dhabbahay ku jiiteen haddaad dhugatid uunkiiye
24. In dhankooda loo leexan baan dhab uga yaabaaye

25. Dheregta iyo diihaalku ways dhinac ordaayaane
26. Dhuuniga risqina waa intuu dhigay Ilaaheene
27. Isagaa inoo dhiibayee inaynnu dhawrraa eg.

AXMEDOW TIXDII MAANSO -Jiifto 11-

Jiiftadato ka hadlaysa dhulka Soomaaliya sida loo qaybsaday iyo abaabul xumada Soomaali haysatay. Isticmaarku inuu dantiisa kaliya wato oo cidna u naxariisanayn. UN-ta oo Iyana aan tanta Soomaaliya wadin. Waa jiifto -T- 85 beyd.

Axmed Cismaan Keenadiid buu ku halqabsanayaa.

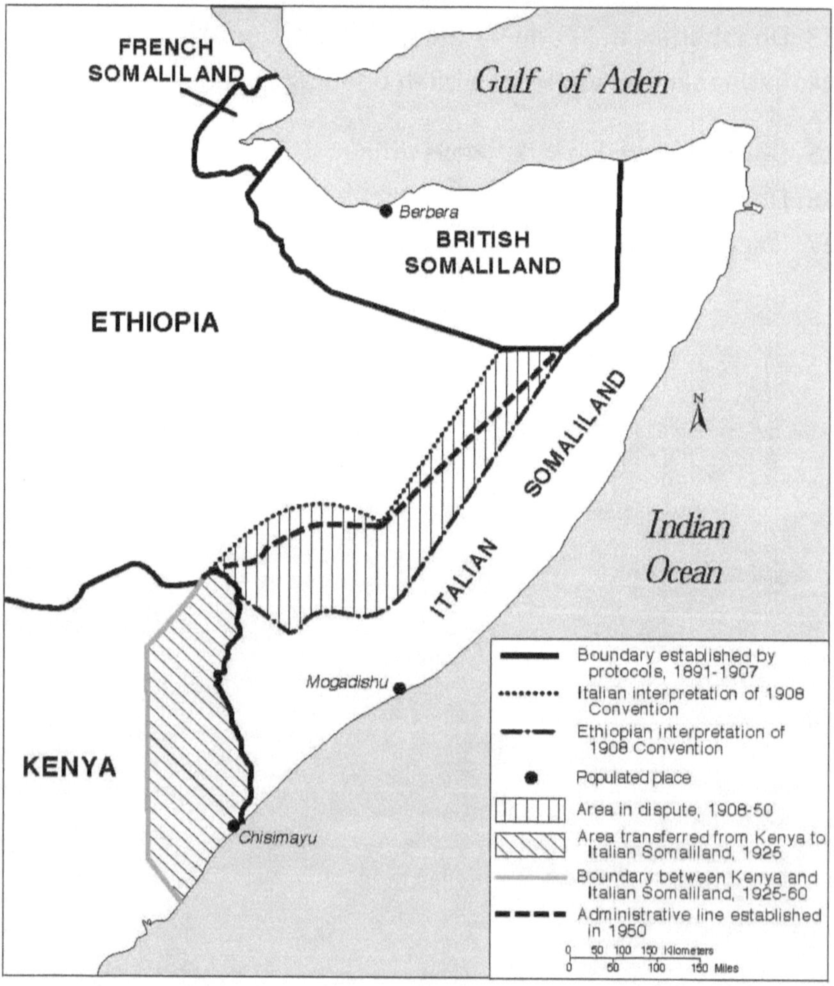
FRENCH SOMALILAND
Gulf of Aden
Berbera
BRITISH SOMALILAND
ETHIOPIA
SOMALILAND
ITALIAN
Indian Ocean
Mogadishu
KENYA
Chisimayu
Boundary established by protocols, 1891-1907
Italian interpretation of 1908 Convention
Ethiopian interpretation of 1908 Convention
Populated place
Area in dispute, 1908-50
Area transferred from Kenya to Italian Somaliland, 1925
Boundary between Kenya and Italian Somaliland, 1925-60
Administrative line established in 1950
0 50 100 150 Kilometers
0 50 100 150 Miles

1. Axmedow tixdii maanso tirinteedba daayaye
2. Indhoweyd ka tegayoo toogo uma yeelane
3. Kolse haddaan ku tacalluqo saan u taxo ma waayee
4. Tuduc uun baan ka sheegaa tororogi ma fiicnee

5. Sida loo tabeeyaa isaga kay tallaalane
6. Taallo iyo buur iyo kama tuuro meel xune
7. Tubta kama qalloocshiyo ta'wiilaa higgaadda e
8. Takhtarkeed inaan ahayna waad igu tiqiinnaye

9. Meeshii aan ka taabsaaro ragga qaar ma tebayee
10. Waw tallaabaqaadaa an kuma turunturroodee
11. Dhaaxaanse tabo jadiidiyo meelo kaaga taabtaye
12. Tu yaroo an kuu sheegi bal tilmaanso caawa e ;

13. Afartaas tusmeeyaye ma temminey sidaydii
14. Ma tartiibshey maansada awal baan tacliimaye
15. Sow xarafka kuma toosin ta'da kama habaabine
16. Taasi wayga degataye tiraab kale wuxuu yahay

17. Soomaali talaxumo taag looga waayaye
18. Tabtay horay u soo baratay marna kama tegeysee
19. Tadbiir kale ma haysee iyadaysku taagane
20. Istolaysigii gacalo tusi waa Ilaahaye
21. Iyadaysu tumanaysa teeri iyo billaawe e
22. Istaageerid laga waa isu turina maysee
23. Tabaalaha adduunkiyo taariikh eegi maysee
24. Waxay tacaddi soo aragtay inay toosto diiddaye
25. Cilmiga loo tartamayana u tacjiili maysee

26. Shisheeyaha ku tuman iyo tooda fiirin weydaye
27. Xornimada u timid haatan toodoobi maysee

28. Diinka tiirinta u baahan waxba uguma taallee
29. Tiiraanyo kama hayso tafarruqa la geliyaye

30. Si kastoo ad ula talisid teedii uun weeye e
31. Dalkoodii rag baa tebiyey iyagayska tuunsane
32. Ingiriisku tahantiyo toogadiba ka helyaye
33. Faransana tabkiciyo tiis waa ku haystaye
34. Inta kale waxaa taabay Talyaani iyo Xabasho e
35. Amxaarkana tixgelin iyo turaal lagama eego e

36. Tolweynihii Ogaadeen tuu ku falay la maqalyaye
37. Gabal toogey qaarkoodna xabsiguu ku tuuraye
38. Nimankii u talinaayey Tafarraa dhammeeyee
39. Tallan iyo kuwii haray tawal baa dilaayee
40. Waa ka tubaha soo jiiray Ina Tarabbi keligiye

41. Isaaqna looga tabarsheegey takhtigii dhulkiisee
42. Wuxuu tiriyo maal qabey kor u tiigan waayee
43. Arladii tooxa weyneyd ku tallaabsan waayee
44. Inkastay tigaadowdo tuldihii daaqsan waayaye
45. Toban mayl ma dhaafsiisna taaggii Hargeysa e

46. Majeerteenna laga teed halkuu Toga ku dhaqayaye
47. Kobtii lagu tammadin jirey laga wada takooryaye
48. Taxkuumadi ma seejine tunjileecsi weeyee
49. Toomihii marqaan iyo tegi waayey Ceelcade
50. Teerrage agtiisiyo waa kan tuuran Beyra e;

51. Afartaas tusmeeyaye ma tamminey sidaydii
52. Ma tartiibshey maansada awal baan tacliimaye
53. Sow xarafka kuma toosin ta'da kama habaabine
54. Taasi wayga degataye tiraab kale wuxuu yahay;

55. 'U.N.O. da' taarka loo diray waxba nama taraysee
56. Waxay taawin badidood si laynoo taxaabto e
57. Wa la takhantakhayn jirey ninkii tiro yar weligiye
58. Tiirridatan gaalo ah jinnaa inaku taagaye
59. Waa niman takoormayoo tawxiidka diidaye
60. Tawreed iyo Injiil iyo teennaba ka bayre e

61. Tawaani keen isuma hayso isku towna maahine
62. Ninkii haatan taabacayna tubta khayrka seegyaye
63. Togaggii Firdowsaad tegi maayo weligiye
64. Inkastuu wax sii tuurto isagay u tuudine
65. Risqina taharaweyniyo tabar laguma helayee
66. Taftar baa hor lagu dhigay tanaadkiyo saboolkee
67. Ninba waxaa u taal meel tii loo xarriiqaye

68. Tafantaaf in lagu doono toolmooni maahee
69. Dowladdana tukubid iyo tuugmo laguma raadshee
70. Haddaan rag isku tacaddoobin tiginkeed ma aasmee
71. Horaa loo tijaabshoo cayaar kuma timaaddee

72. Taawil iyo buruud iyo tadcaar wax u ah dhiigga e
73. Cadowse soo tabcadayoo leh tareen iyo dayuurado
74. Nin tusbax iyo laan qaatay taag uma helaayee
75. Bunbada la isku tuuraayo toorrey gaari maysee

76. Haddaynnaan wax tabaraysan rag waa kii istiilee
77. Aan qalabka lagu tuugsan tumasho iyo ganacsiba
78. Ee tabaabulyada seegno waxba taransan maynnee

79. Tawakalidda Eebbena tiir la cuskan weeyee
80. Taliyuhu isaga weeye tadbiirshaha adduunka e
81. Waxaan tabarruc ka helnaa tilaawada Quraankee
82. Taqwo iyo cibaado iyo toobad baa danteen ahe
83. Tukashaduna faral weeye taarig waa la caayaye
84. Haddaynnaan ka tegin diinka Rabbaa inaku toosane
85. Tuu fali lahaa iyo isna tiis la laabane.

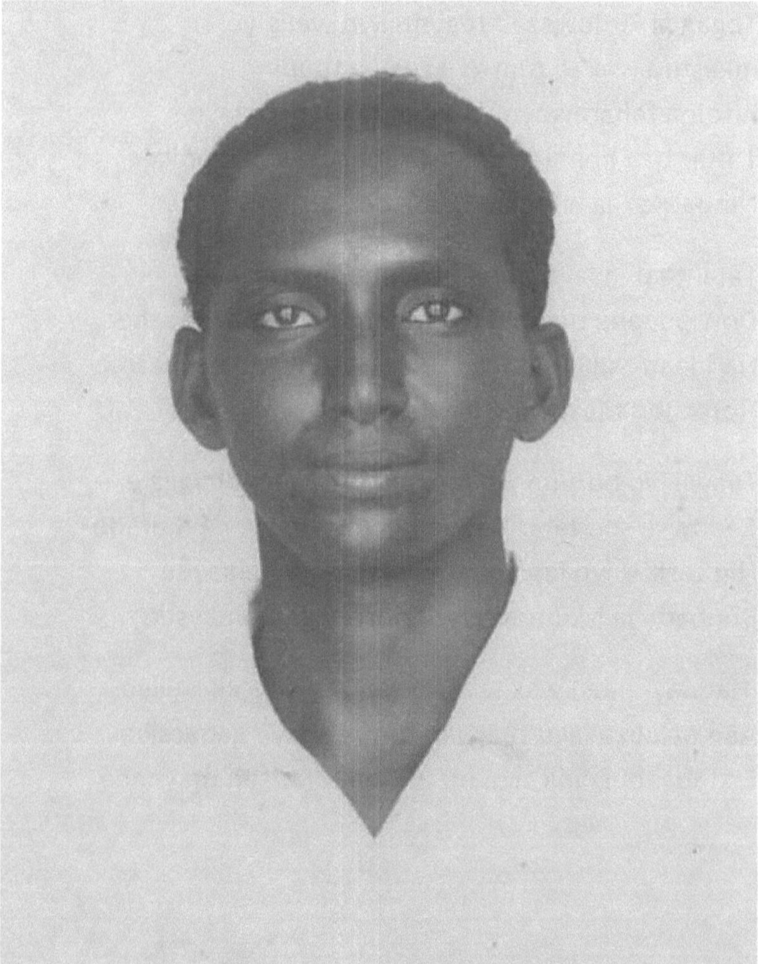

Axmed Cismaan Keenadiid AUN

BURHAAN -Gabay 12-

Wuxuu tilmaamayaa faalka oo waagii hore ahaa wax la tixgaliyo iyo rajada laga qabo in SYL ku guulaysato doorashada soo socota. Waa gabay -B- 9 beyd.

1. Burhaanta faalku lee yahay ninkaan barannin baa moog
2. Baaddil aan run sheegeynnin bay badawdu mooddaaye
3. Buruudka iyo awtaaddu waa bedertamayaane

4. Hadbana ways beddelin oo mid bay bilicdu raacdaaye
5. Bayaadka iyo guntanihii haddii boorka lagu reebay
6. Bariweynihii tobanka sow baarax uma seexan

7. Beri aan fogeyn baa la arag baab la moog yahaye
8. Miisaanka waa kaa barkaday beyd siciid ahiye
9. Bisha Luulyo oo dhow wixii soo baxa aan dhawrro.

XASANOW HADDAAN DEYEY -Jiifto 13-

Jiiftadaan buu tiriyey Cismaan markii uu xisbigii SYL ay ka farcantay xisbi kale ee la baxay Greater Somali League -GSL. Jiifto -D- 20 beyd. Xasan Cismaan Yuusuf buu ku halqabsanayaa.

1. Xasanow haddaan deyey dunidii ma fiicnee
2. Duufaanno xoogliyo darbad baa dhacaysee
3. Derisnimo xumaatoo isdareensey uunkuye
4. Rag isdaafacaayiyo didmaa muuqanaysee

5. Danni xumiyo tuhun iyo demi waa khilaafkuye
6. Labada haatan ‘diresyoonna’ waa wada dalkeennee
7. Ninnana anigu duriddiis ku denbaabi maayee
8. Inse daw la wada maro ducadaydu weeyee

9. Dulmi ninkii ku camal jira iyo daacad kii qaba
10. Midba waxaa ku daalacan Daa’inkii abuuraye
11. Hadbana suu damcay noqon dawona kama sokaysee
12. Duul waliba wuxuu wado daliil baa ka muuqane

13. Arrintii daboolina dib uun bay iftiimiye
14. Wax la delidhacyeeyaba runtaa daahiraysee
15. Inay taladu debecdaa doqontooyo weeyee
16. Wixii inaka diimmoon durba laguma boodee

17. Degdeg aan wax loo fiirsan dadaal waa la caayaye
18. Labadaa docood maanta loo kala dillaanyaye
19. Nin waliba midduu doono loo diidi maayee
20. Door yuusan idin ciilin dadkii kala dhaqaaqyaye.

Xasan-Nadiif Cismaan Keenadiid AUN

SYL

SOMALI YOUTH LEADERS

SYL Somali Youth League

Ururka dhallinyarada Soomaaliyeed oo la aasaasay 1943.

Great Somalia League (GSL) 1959 ayuu ka farcamay SYL

Ururka Soomaali weeyn oo ka farcamay U.DH.S. 1959.

GABAYGA LAANKA AH -Gabay 14-

Dhibaatada Soomaali ka dhex aloosan oo ay ka mid tahay: Waa -L-42 beyd.

Isku dir, khiyaano, nacayb, shisheeye isku diraya, laaluush, xishood la'aan, laga leexday waanadii **SYL.**

1. Indhoweydba uma laab lahayn gabayga laankaahe
2. Labkiisiyo ma dooneyn inaan laacdankiis galo e
3. Kolkiise aan ka leexdaba mid ii laacayaa jira e

4. Niman buu luggooyiyo ku yahay liicid iyo hawle
5. Laaxinka iyo deelqaaf rag baa laasimoo wada e
6. Lifaaq yarida qaar baa macnuhu si uga laalmaaye

7. Tixdaan luqada loo fiirinnini waa lif-dilantaaye
8. Lanbarkaan u saaraan ardada uga laqbeeyaaye
9. Maan looxa ugu jiido waa mid igu laabnaaye

10. Soomaali layntiyo fidnada amase laystaanta
11. Laqdabada ku wada saabsan iyo lahanka uurkeeda
12. Iyo lillaahi-gaabidu wixii lumiyey weeyaane

13. Iyagaa libaaxyo isu noqon oo islaarriyiye
14. Midba inuu walaalkiis legduu leebyaduu tumane
15. In laftood jabaysiyo ma oga le'ashadoodaase

16. Shisheeyaha lallabayaa dadkii qaarki leexsadaye.
17. Liicsade nasaaradu intay loodin karayeene
18. Liirihiyo shilinkawgu ridey lun iyo haadaane

19. Hadday 'Liiggu' suu yiri maqlaan luri ma gaarteene
20. Laqantooyo iyo daallinnimo libin ma moodeene.
21. Luqmad ay cunaan iyo arlada lacag ma siisteene

22. Uma laylyameen ceeb intay luqunta Saaraane
23. Lixaad uma noqdeen gaaladii nagu lidka ahayde
24. 'Medaalyada' xunoo laga lulluli lib uma qaateene

25. Labaan uma fileen iyo ninnimo loofarnimo baase
26. Lebbis ferenji kama raadiyeen luuli sharafeede
27. Wixii ayan lahaan karin sidii lihi ma moodeene

28. Leylkiyo dharaartii ajnebi kuma larraadeene
29. Waddankooda oo wada layacan kama lulmoodeene
30. Liibaanta diinka ah cayaar ugama leexdeene

31. Lurtood kuma rafaadeen dacwado laalan weligoode
32. Lahashaha xafiisyada indhuhu kuma liqdaarmeene
33. Lixdu uguma yeedheen intay luguhu daalaane

34. Libdho soo baxdaba kuma ordeen liinka daaraha e
35. Iyagoo qorraxi laysay oo leexo iyo boor leh
36. Oo aan libaysnayn gadaal ugama luudeene

37. Laaluush ma eedeen wax yar ah sida lacaafeede
38. Xornimdatan loo wada legdamin kama liciifeene
39. Leelleel ma joogeen dadkana uguma liiteene

40. Laqmadiyo haddaan cudurtidaan laga ladnaysiinnin
41. Asaan qoladi laallaad la bido wax u lilloobeynnin
42. Yaan la isku laayayn ummado lumaya weeyaaneb.

S. Y. L.
Somali Youth League

STATUTE

Tip. DI BLASI - Via [illegible] - Tel. [illegible]

Dastuurkii SYL (boggiisa hore)

Eeg bogga 203

DUMMAD -Geeraar 15-

Waa dumad kuriga Cismaan Yuusuf Keenadiid ku noolayd buu tilmaan ka bixinayaa. Ujeedka ama tusaale ahaan loola jeedo dadka soomaaliyeed ee talyaaniga gacansaarka la leh. Geeraar -B- 39 beyd.

- bortiyeeri/gool haye
- bakhayl,
- baali,
- faras/fardaha aad moodid midabkoodu inuu isbed-bedelayo iyo
- 'brotalyan/taageer Talyaani

Boortiyeeri miyaa?
Ma bakhayl wax hayaa?
Baali naag ah miyaa?
Ma baroor fudud baa?
Ma 'barootalyan' baa?

1. Dummadi waa wax batay
2. Oo beled nool ku dhaqmaaya
3. Haddana waa kala baabe
4. Midda beydkakan joogta
5. Basarkaan ku arkay
6. Ma idiin bayinshaa?

7. Haddii aad cad baruur ah
8. Bannaankaa ugu tuurto
9. Waa booddaa qabsataaye
10. 'Bortiyeeri' miyaa?

11. Hadday baylah ma weydee
12. Baadi soor ah hesho
13. Tan kaloo barbar taagan
14. Marna biid kama siisoo
15. Isbooxboox iyo qayliyo
16. Ba'naan bay la gashaayoo
17. Bixinmayso waxbee
18. Ma bakhayl wax hayaa?!

19. Gogoshaan u bogeynniyo
20. Sariiraakan birtaa iyo
21. Bersedaa ma jecloo
22. Bilic meel an lahayn iyo
23. Boor uun bay fadhidaaye
24. Baali naag ah miyaa?!

25. Hadday goor barqinkii ah
26. Bahalkii ay nebcayd
27. Bidhaantiis aragto
28. Balaw bay ku tiraayoo
29. Sida baalal waxliyo
30. Baqalyaad u fishaayoo
31. Libaax bowd ka dhacaayiyo
32. Ma baroor fudud baa?!

33. Haddii bayddida soortiyo
34. Barwaaqooyin la siiyo
35. Amaan baahiyi haynnin
36. Malaa waa u baxdayoo
37. Baryada deyn kari maysoo
38. Dulli bay u bareeriye
39. Ma'barootalyan'baa?!

SENGOOD AAD U TABARAYSTAY -Gabay 16-

Gabayg -T- 87 beyd oo seddex arrimood buu ka kooban yahay oo tusaale isku noqon kara: **Tusaale:**

1. Fardaha sida loogu tartamo iyo tabaha fuulaanka. Inuu fuulaaka farduhu xeer lee yihiin oo ay tahay in xeerkaas la ilaaliyo, haddii kale waxa dhacaya bal eeg.
2. Gabay tirintiisa iyo xeerarka tirinta gabayga, oo ay Khasab tahay inuu qofku ilaaliyo xeerarka gabay. Haddii aan xeerka gabayga la ilaalin uusan gabay noqonayn. Gaar ahaan Cismaan isagaa tilmaan iska bixinaya.
3. Xornimadii/dowladnimadii oo gacanta u soo gashay Soomaaliya, Iyana ay u baahan tahay in la ilaaliyo dowladnimada iyo xeererka u yaal. Markii la ilaalin waayo maxaa dhacay? Waa tusaalooyin aad muhiim ugu ah arrimaha shinaca maamul wanaagga dowladnimo.

1. Sengood aad u tabaraystay oo tamashle loo haysto
2. Dhallinyaro tilmaamani hadday talo ku soo fuusho
3. Tijaabada Ayaan taas wax baa la is tusa hayaaye

4. Kol hadday isugu tookhayaan tabaha fuullaanka
5. Mid waliba baxdowguu tabcuu toocina hayaaye
6. Tawal kama hayoo waa waxay hor u tacliimeene

7. Ducaqabe tallaabsiga fudayd togaya caynaanka
8. Tiigsiga kabtiga jeenyuhuu tarantarsiiyaaye
9. Tumashada kulkiyo xawlliguu taransanaayaaye

10. Tinhawleedka guudiyo hadduu tiirsho madaxiisa
11. Tartarradiyo feeraha hadduu tahan ka reemaayo
12. Aburkuu tufaa suuncalyaha qaar tif lee yahaye

13. Tafta marada iyo jeedalkuu tuhunsanaayaaye
14. Toogaysigii nadiga iyo tirinta geeraarka
15. Tabaalahakan salowgay dheguhu taraddamaayaane

16. Magaankaan tamcaarrayn haddii looga tago boorka
17. Timihii qanaantiyio markuu taagayo halqooqa
18. Sida taarka duuluu hawada sii tafa hayaaye

19. Taagsiga kuddada markuu tabarti boodaayo
20. Inkastuu wadaagaha tudcoo tuumiyaha haysto
21. Ninkaan taabi kara hayn inuu tuuro waw halise;

22. Gabayguna haddaan tiis la marin waa tabtoo kale e.
23. Tusmaduu lahaa iyo haddaad tubaha dhaafsiisid
24. Ama adan ta'wiishiis aqoon tacaddi kaa raacye

25. Taftarruu ku yaal baa jiroo loo tammadiyaaye
26. Temmin haddii an loo yeelin waa turunturroodaaye
27. Toolmoonidiis waa naxwaha inaad taqaannaaye

28. Xigmad lagu tebaayaan darteed ugu tacjiilaaye
29. Fahmuu nagu tallaaliyo cilmina wayna tarayaaye
30. Taariikhna waw yahay raggii tegey xusuustiise

31. Tif waxaan dhammayn oo yar bay tawsi ka heshaaye
32. Inkastoo tixduu ku habbanaa laga tallaabsiiyo
33. Inuu toosan yahay baa ninkii tiriyey moodaaye

34. Ninbana taagti xarafkiisa waa tooxana hayaaye
35. Nimanyow turaabkaa wax le'eg tuumiyaa jira e
36. Tuduc yar baa ka roon waxakanay tirabbadneeyeene

37. Aniguna ma tahan dhaafiyee waa tukubiyaaye
38. Rag goortuu taraarsiiyo baan yare tashiilaaye
39. Tigimmo aan u aasaa jiriyo tiirar xoog badane

40. Waana tabaabulyayn jirey halkiyo tabargalkaygiiye
41. Waxsaan taaban jirey goor ay dani igu tahbiibtaaye
42. Mararna waygu tiixaa anaan kuba tashoonayn e

43. Intii toban casho ah baan kolkaan taxo u kaadshaaye
44. Sida telmiid arday ah baan laxniga uga tiraayaaye
45. Goortaan tartiibshaan in uun kaga tiraabaaye

46. Laguma taago meel jiir ah iyo taallo dhaladeed e
47. Dhabbuhuu ku tiixaynayaa lagu taxaabaaye
48. Sidaydaa tastuuraha maddada lagu tilmaamaaye

49. Tooraha jidkiisa ah hadduu taako ka habaabo
50. Inuu tacabkhasaar noqon hayoo tegayo qaabkiisu
51. Waatan la isku wada tacalluqshaye taa ha la ogaado

52. Afartaas ta'da intaan ka deyey maysku wada tiirshey
53. Ma tuurtuuro maansada ninkii tirin yaqaannaaye
54. Ma isku taaray teelteel ma galo tayda weligeede

55. Teedkaan ku meershiyo waddada taam ma kaga yeelay
56. Tub ma mariyey Soomaali waad igu tebeyseene
57. Tu yarna waa dhexdeenniyo rabshada taalla gudaheenna

58. Istiqlaalkii lagu taami jirey tiinki soo durugye
59. Haddaan tabar u lee nahay xornimo timid waraaqdeed e
60. Waataa Talyaanigu sallimey tacabbadii qaare

61. Taxkuumadi ma fududee haddaan taag u heli weynney
62. Tiiraanyo ciil iyo hadday taawo nagu reebtay
63. Tadbiirxumo darteed xaal hadduu toosi kari waayey

64. Toobadda iyo diinkii haddii tiginka loo qaaday
65. Tiirrida cad qaarkeen hadduu taabac u ahaaday
66. Ajnebi aan turaynnini hadduu ina taxaabaayo

67. Tabcadiyo sirtuu wado haddii taxaddar loo waayey
68. See lacag u tacabnaa hadday toogadeen noqotay
69. Nin waliba tawaantiyo hadduu tiisa ku ekaday

70. Xurmaa taqaddun keentee haddii la is tixgelin waayey
71. Toltol iyo anaaniyo haddii la ina taabsiiyey
72. 'Teersana' rag aan baran haddii talada loo dhiibey

73. Taageerki 'Leegada' haddii la isku tuhumeystey
74. Dadkii tuunsanaan jiey haddii kalataggiis joogo
75. Tallaahidiyo dhaartii haddii la iska wada tuuray

76. Tafarruqa kuwii inaku ridey toodii suubsade e
77. Taws aan baxayn iyo bugtay nagu tallaaleene
78. Tubtii inaka leexshiyo jidkii inaku toosnaaye

79. Tashigiiba sida loo gefaan weli tebaayaaye
80. Tawfiiq ma noqon wiilashii taajka loo xiraye
81. Tacaddaan yarayn baa ka dhacay tay ku kacayeene

82. Ninkii tiro yar maalkiisa waa laga takooraaye
83. Maraykaanku nagu taaganoo taabyey jahadiiye
84. Amxaarana tahdiid iyo waxay tiri naloo sheegye

85. Cadowga soo tartamayiyo cabsida loo tawalay ruuxa
86. Laye tamashle keliyay hayaan tiilka madaxdiiye
87. Dowladnimo tabtaa lagu dhaqaa tacaddii sow maaha?!

Mogadiscio, 1º aprile 1950: la cerimonia di ammaina bandiera della Union Jack e l'alzabandiera del Tricolore segna l'inizio dell'Amministrazione fiduciaria italiana della Somalia.

Ingiriiska oo baxaya kuna wajeejinaya Talnaaniga waddanka Somaliya, isagoo si sharciyeysan, dhanka qaramada midoobey, u sii gumaysanaya, taasoo loo yaqaan xornimo gaarsiin.

SANSAANKII XORNIMO -Gabay 17-

Gabaygaan waa mid dheer oo uu ku halqabsanayo wiil uu dhalay Cismaan oo la oran jiray **Maxamed Cismaan Keenadiid.** Wuxuu muujinayaa farxadda loo qabay xornimada loo oggolaaday Soomaaliya 1960, taasoo warqadihii aqoonsigu ay gaareen adduunka oo dhan gaar ahaa waddamada adduunka oo xubnaha ka ah Qaramada Miidoobeyb. Waa gabay Farxadeed. Waa gabay -S- 93 beyd.

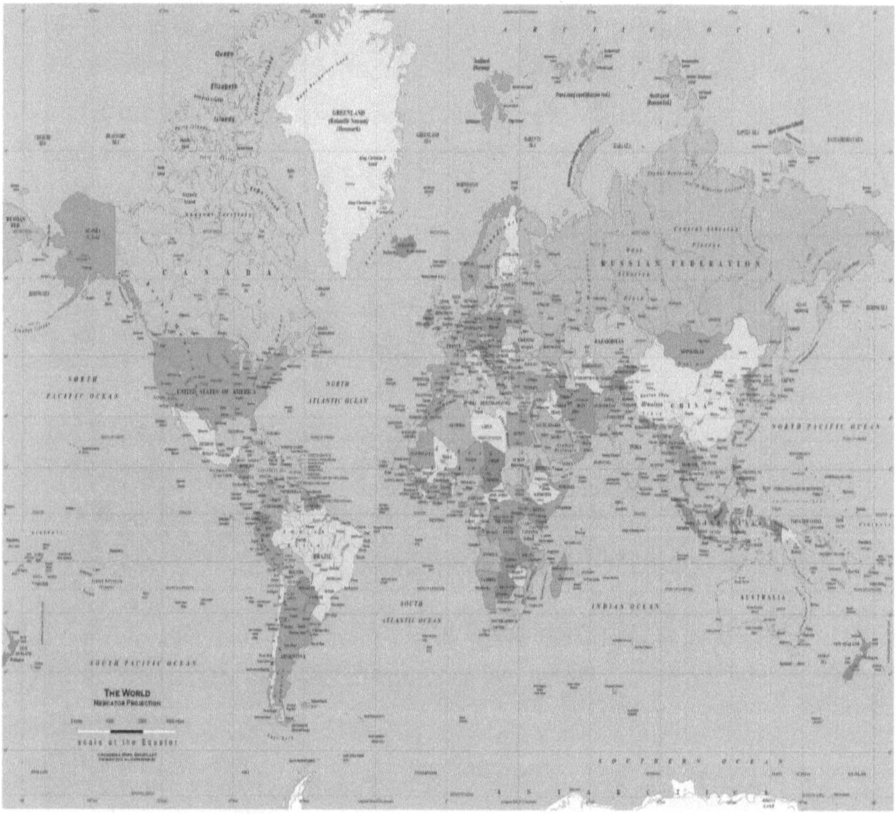

1. Samow Maxamedow xalay war bay nagu salaameene
2. Siyaadiyo khabaar lagu farxaa saabay beledkiiye
3. Sidii aan jeclayn iyo waxaan sugayey weeyaane

4. Gu sidkiis dhammaadiyo haddii semenku dheraado
5. Waxaan sare u eegnaba kolkuu saymo di'in doono
6. Isba saadda waa muujiyaa sagal aroortiiye

7. Adduunkuna salaax iyo kharaab subaxba waa cayne
8. Samaan iyo xumaan labadu waa suu ahaan jiraye
9. Saacado isdhaafiyo ammuur socota weeyaane

10. Dadkuna waa saluugaa ninkii sigan ayaantaase
11. Wax badan baa nabsigu nagu sugnaa ama na saarraaye
12. Sansaankii xornimo haatanaa suuraheed yimide

13. Siyaasadatan 'Leegadu' waddiyo waxay samaynayso
14. Sifaalaha dadkii wada anfacay ama siyaadaaya
15. Saha maanta joogaa nasriga sahanki weeyaane

16. Wixii Eebbahay sahal ka dhigi sabab ma waayaane
17. 'Soojada' axwaalkeeda kale waa saraad culuse
18. Sucduu noogu daalacay burjigii saaqidka ahaaye

19. Soomaali Eebbawga turay siirihii hore e
20. Samir lagama rooniyo ninkii suga Ilaahiise
21. Saac baa u soo degey hadday si xun ku noolayde

22. Hadday sax u ogaadeen waxay seegayeen beriye
23. Suxullada birtii kaga jirtiyo seetadii jare e
24. Surkana qool haddii lagaga wadey siibe xariggiiye

25.Saxariir addoon laga dhigtiyo silic ma qaataane
26. Sarajoogga ceebeed kufriga kuma salaamaane
27. 'Sinyorow' intay ku celceshaan 'si'da ma hayaane

28. Si baa loo tixgeliyaa intay salabka qaateene
29. Soofkooda iyo ruuxa way sadaqadaysteene
30. Surweellada waxay ugu jiraan sah iyo duullaane

31. Rabbi baa ku saacidey waxay sebenno waayeene
32. Niman soori ku cayaartay oo sixirtay mooyaane
33. Sifohooda kale maanta waa wada salaaddiine

34. Subbad iyo kuwii nagu dhex wadey sir iyo ceebaalka
35. Kolkay calanka noo suran arkeen ama saxiix yaalla
36. Ama qaar la sababay malaha wada sukuudeene

37. Niman baa silsilay oo arlada saayid ku ahaaye
38. Goortii la kala soocmay buu suuley amarkoode
39. Sedkay hor u cunaayeen sidii sun u xaraaraaye

40. Sinji la isku sheegto iyo faan seere laga yeelye
41. Sabuubooyinkii iyo dhicii waa la saamaxaye
42. Sulux iyo heshiis baa beddeley kala safayntiiye

43. Saymiyo colaaddii la daa salowgi taagnaaye
44. Wixii siigadii hore ku baxay laga sokeeyowye
45. Waa kaas saqiir iyo kabiir siman makhluuqiiye

46. Safka Meheri Seyxuud inta leh amase Reer-Suurka
47. Mukulliga sawaacigu galiyo suuqa Cadan-Weyn ah
48. Sanca iyo intaa laga xukumo seeraha Imaamka

49. Saldanada Ciraaq iyo raggaa Suuriyada haysta
50. Sucuudiga bilaadkiisa iyo siinaddii Xaramka
51. Arlada suubban samihii Xijaas sabarradii Daa'if

52. Saldanada Bengaasiyo Tabruug saajacyada jooga
53. Sunuusi iyo Liibbiya kurteed saadada u qiiman
54. Kuwa bidixda kaga saabsan iyo siibadaha Tuunis

55. Bur-Siciid Suweys iyo Misriyo socotadii Niilka
56. Sengaal iyo sariiraha Khurduum nimanka Soodaan ah
57. Sawaakin iyo siinkii Asmara soohdintii Xabashta

58. Sokay iyo Danaakilada taal saaxillada xeebta
59. Sifka Adari saaqii Shawiyo Sababa guudkeeda
60. Amxaaruhu intuu saaran yahay taniyo Siidaamo

61. Suud Afrika siiqii Kilwiyo saraha Neyroobi
62. Siimawaranga Daaraha Salaam ama sinnaadkooda
63. Sinjibaar Sawaaxili kurteed sararihii Keenya

64. Jahaduu sakino Reer-Hindigu sudaha Raanguun leh
65. Bunbay sooreheediyo intii Siiggu ku hoyaado
66. Saracii Karaashiyo Bengaal sadarradii Kaabul

67. Meeshuu ku sugan yahay Jabbaan surinnaduu yaallo
68. Sangafuura Sayloon dhulka leh Siina iyo Jaawa
69. Surwada Awstraaliyo xirfada lagu sancaynaayo

70. Siyaadada betroolkiyo Kuweyt samaha loo dhiibey
71. Salaaddiinta Iiraan fadhida sulubyadii Faaris
72. Arlada Samarqandaa iyo Bukhaar suxaradii Baabul

73. Saaxiibbadii Holanda iyo siirka Filibbiini
74. Serbiyada Isbaanyiyo Madriid sidatan loo qaabay
75. Saamaha ka haray Reer Andalus semennadii Daariq

76. Sakadahakan Mooskiyo halkuu sal u lahaa Rooshan
77. Faransuhu halkuu saacitiyo sadaxyadii Baaris
78. Sijiilyiyo Talyaaniga fadhiya sabadka Miilaano

79. Suldaannada Giriig iyo Turkiya Reer Suweysarada
80. Iglan sabarradeediyo Berliin saamka laga meershey
81. Sinbayr iyo Maraykaanka yaal badaha seenkooda

82. Sankuuneefle meeluu jiraba saaqyey khabarkeene
83. Telgraafka seeraarayiyo siligyadaw geyne
84. Subax noolba 'jornaalistahaa' sugaya xaalkeene

85. Naloo sayngaree qarantinnimo semenka maantaahe
86. Saraakiisha iyo dowladuhu saare 'feermada' e
87. Salaan iyo in laynoo shugriyey siimankaa wadey e

88. Niyada noo sifowdiyo himmada socon ayaan noolba
89. Iyo waxa ka sii suubbanaan weli sugaaleynno
90. Allaha noo sakhiro waa adduun sanac ku laabnaaye.

Maxamed Cismaan Keenadiid AUN

ILAAHII QAABAY ADDUUNKA -Geeraar 18-

Nimcooyinka Allaah nasiiyey buu tilmaamayaa, kuwaasoo dadku aad ugu baahan yahay. Waxaa soo galaya nimcooyinkaas qaranimada uu nasiiyey. Waa geeraar -Q- 72 beyd. Ugu danbeyntii in Allaah khaatumo wanaagsan laga baryo buu dhammaynayaa.

1. Ilaahii Qaaddir ahaayoo
2. Qaacidooyinka diinkiyo
3. Quraankiisa kariimiyo
4. Qisadii Nebigii iyo
5. Sharci qeexan na siiyayoo
6. Tawxiidkaannu qiraynno
7. Qalbiga noogu tallaalayow;

8. Ilaahii qaabay adduunkoo
9. Qaddartiisa ku koobayoo
10. Qalluhuu ridi doono
11. Qorayo meel ku ogaadayoo
12. Xigmadda teeda qarsooniyo
13. Qudraddu say fali doontiyo
14. Qeybka oo dhan ogsoonow;

15. Ilaahii cirka qiiman
16. Ku qiyaasay korkeennoo
17. Isagoon wax qabtiyo
18. Qoryo tiirsha u yeelin
19. Quwaddiisa ku joojow;

20. Ilaahii qamar nuur iyo
21. Qorraxdaa ka ifaysiyo
22. qababaalka nujuumtiyo
23. Xiddigaa ku qaraysan
24. Qanaaddiil uga yeelayow;

25. Ilaahii qaaca daruurta
26. Roobka nooga qalqaalayoo
27. Dhibco aan qayirmayn iyo
28. Biyo qaab u macaan oo
29. Qabow nooga da'shayow;

30. Ilaahii dhulka qaybshayoo
31. Qaarba caynad ka yeelayoo
32. Hadbana saymo ku qooyayo
33. Quud uu nooga baxshiyo
34. Qabno maal ah ku beerayoo
35. Qeydadaan ku dhaqmaynno
36. Qaneecaad nagu siiyayow;

37. Ilaahii bad qaraaroo **38**. Qusurkeeda la yaabiyo
39. Qubbaddaas na ag joojayoo **40.** Hadday soo qulqulayso
41. Waa na qaadi lahayde **42**. Qarqarsaan la arkayniyo
43. Qoofal hoose ku dhaabayoo **44**. Meesheedaas ku qabtayo;

45. Ilaahii qaharkii iyo **46.** Kufrigii nagu qooqayoo
47. Na qabbaansan hayoo **48**. Qoolkiisii naga siibayoo
49. Soomaaloo qawadeysa **50**. Dadku quursan hayoo
51. Inkastoo qush ka buuxo **52**. Qaran haatan ka yeelayow;

53. Ilaahow naf qaldaan iyo **54**. Hawo an qaayo lahayn iyo
55. Danbigaannu qaseyney baa **56**. Naga Qaalib noqdaye
57. Qilaafkaannu samaynniyo **58.** Qafladdaannu ku raagney
59. Qufraan noogu beddel oo **60.** Qaatimo khayr ah nasii;

61. Ilaahow qaybta danbeetiyo **62.** Qalalaasaha mawdkiyo
63. Qabriga hawlaha joogiyo **64.** Qiyaamaa shiddadiisiyo
65. Qalqallooca jidkii iyo **66**. Qalleyfka aakhiro yaalla
67. Qafradiisa na dhaafiyoo **68**. Jannadii qaali ahayd iyo
69. Qabowgii raxmaddaadiyo **70**. Quruxdeeda Firdowsa
71. Qaniimo waa iyadaase **72.** Qoonkaad geysey na yeel.

XORNIMADA SHINKEEDII GALAY -Gabay 19-

Dhowr arrimood oo ku saabsan aadaabta iyo dhaqanka suuban oo isbeddel ku yimid dhaqan wareeg. Wax yaalahaas dadkii dilooday waxaa ka mid ah: dadkii walaalaha ahaa oo shaki kala galay, culimo aan xaqa sheegayn, dhaqamo ina soo galay iyo xisbigii SYL oo si u shiiqay, annaaniyo soo badatay, waa gabay -Sh- 18 beyd.

1. Xornimada shinkeedii galoo timid shuruuddeedu
2. Sha'nigeeda waa badan haddii laga shaqaynaayey
3. Shiddayarise loo helay Ilaah loo shugriyi waaye

4. Shareecada la nacay oo sidii shay xun laga leexday
5. Shiikhyada cabsaday oo cilmiga sheegi kari waayey
6. Naagaha shabbahay gaaladoo sheexu ka idlaaday

7. Meeshii shurkada noo ahayd say isaga shiiqday
8. Walaalaha shiqaaqadu gashoo showrka kala goostay
9. Shakiga uumiyii wada hayiyo shuushka bixi waayey

10. Shisheeyaha ajnabiyoo colaad nagu shuqaynaaya
11. Beenaha la shubi oo nafluhu sheeko kale daayey
12. Shafeec aan badnayn iyo ragguu shilinku ceebeeyey

13. Sharafka la iksu wada diidayiyo xaqa la sheelaayo
14. Sharka uurka la iskugu hayoo shil iyo hawl weyn ah

15. Anaaniyadda shidan oo arlada shaaca ku ahaatay
16. Haddaan Eebbe shaafiyin dadkii qaarki shuhubowye
17. Shiidaadda goortaan arkiyo shuqulladaan jooga
18. Kolkaasaan shib iri saan waxaan sheego ma aqaane

LAATIIN -Gabay 20-

Cismaan wuxuu curiyey far soomaali loo yiqiin farta cismaaniya. Waxay caan noqotay xilligii SYL. Dastuurka SYL qodobkiisa 4 aad wuxuu ahaa in far soomaaligu (Cismaaniya) yahay farta rasmiga u ah SYL. Wuxuu diidanaa farta latin-ka. Wuxuu u arkayey mid gumaysigu gadaal ka taagan yahay. Waa gabay -L- 9 Beyd.

1. Laqdabo nooma hoosayso iyo lab iyo ceebaale
2. Lahan keeni maynniyo wixii lur ina gaarsiine
3. Lillaahaan kaga xoojinnaa luqada teenna ahe

4. Ninba wixii ku laabudani waa inay ka laacaane
5. Amar nagu luggooyo ah kufrina lagu libaynaayo
6. Oo nagu lid ah bay wadaan nimanka ‘Laatiine’

7. Leelleel waxa qaba ninkii diinka laayaca e
8. Ma liibaano ruux gaalannimo laabta ku hayaaye
9. Laasima shareecada rag naga leexday baa jira e.

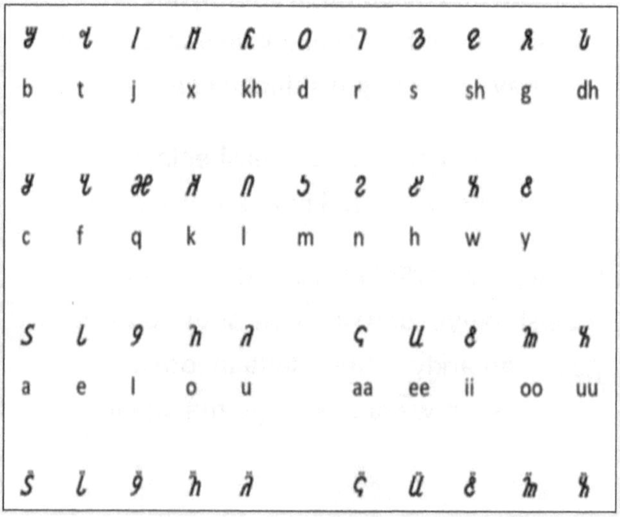
b t j x kh d r s sh g dh
c f q k l m n h w y
a e I o u aa ee ii oo uu

DAD DHALLAAN U TALIYO -Gabay 21-

Dhalin yaro ama qof xil loo dhiibey oo sidii loo malaynayey noqon waayey. Xilkii la saaray oo ummad ka dhexeeyey markay qabyaalad soo gasho waa fashil bilowgi. Gabay -Dh-12 beyd.

1. Dad dhallaan u taliyaa inuu dhumayo weeyaane
2. Dhugan maayo ruux kale ciyaal dheregti haystaaye
3. Dhaqankii Fashiistoo horaa dhaamey qoladaane

4. Innagaa dhab moodeynney oo dhaartii ku adkayne
5. Rag baysaga dhegsoon ficiladaan dhaafnay waa hore e
6. Ninba dhiiggi la xusuusi iyo dhalashadiisiiye

7. Albaabbada waxaa loo dhidbaday waa dhabcaalnimo e
8. Ninkii dhawr ayaamood u taga dhaygag baa diliye
9. Dhirif buu ka soo qaadi iyo dhiidhi iyo ciile

10. Dhaqaal lagama sugo meel haddaan lagu dhoweyneyne
11. Dulli dhabarka la iskaga ritaa dhimasho weeyaane
12. Maxaa haatan laga dhawrayaa dhuunte nimankiiye.

SOOMAALIYA -Gabay -22-

Gabay -D- 12 beyd ah, dhulkeenna iyo khayraadkiisa.

1. Allii dunida uumaa ku furay duul walbaba meele
2. Degmaduu u kala soocay iyo dawyaday marine
3. Dhulkaa debecsan baa niman walba doc un ka yaalliine

4. Soomaali looguma darraan deeqa Ebbahaye
5. Wax dadkoodu joogaa arlada mid ugu door roone
6. Dal wanaagsan inay lee yihiin looma diiddana e

7. Webiyada dareeriyo biyaha dixasho faafaaya
8. Durdurriyo waxay ka cabbayaan dawda ceesha ahe
9. Dayrtiyo gugana roobku waa ugu da'aayaaye

10. Dooxadiyo buuraha wax yaal doog iyo caleene
11. Daraftii ad eegtaaba waa duunyo iyo beere
12. Waana deeqay khayr kalena waa laga damcaayaaye

SOMALIA
GOD BLESS SOMALIA

Soomaaliya

Bad iyo Birri

ALLOOW KUU DARANAA -Jiifto 23-

Mas'uuliyadda dowladnimo oo siday ahayd loo gudan waayo waxaa ka dhalanaya dibindaabyo. Waa jiifto -D- 18 beyd. Qofkii arimahaas la soo gudboonaadaan dhibta uu kala kulmayo bay jiiftadaan iftiiminaysaa.

1. Dad nin kuugu sokeeya oo dawlad u madaxa oo
2. Ayaan nool dibindaabyiyo darbadaada u jeeban oo
3. Dakanana aadan ka hayn duulkii uu ka dhashana
4. Dulmiguu ku kacaayo ayan daa oranayn Alloow kuu daranaa;

5. Qabiilo door ka dhammaadayoo diricyaal ka le'deen
6. Kuwa haatan danbeeyana daacad say u yihiiniyo
7. Dadaalkood la ogeyn awalna deeq iyo hiiliyo
8. Dadnimo ay ku yaraydoo haatan sii darsatay
9. Dantii kaa xiranta tol waa kii is daryeelee
10. Dabarkaaga guntayn Allow kuu daranaa

11. Xukuumaddaan daqnanaynoo si walbuu dabacdayoo
12. Dalkeediina gabtayoo dadkeediina ogeyn
13. Diinteediina illowsanoo dariiqii ku abbaaran
14. laga diifin hayoo cadaawaan dux lahayniyo

15. Dabajoogta shisheeye oo daar xaggee ka dhistaa iyo
16. Doolar see u heshaa damaceed ku idlaadayoo
17. Dacwaddaad u qabtaana kaa daweyn karahayn
18. Dawladna kuu noqotay Alloow kuu daranaa

U TABAALO EKAA -Geeraaar -24-

Waa lix tilmaamood oo faraska uu ku tilmaamay Cismaan. Faraska oo xilligaas aad u qiimo badnaa. Waa geeraar -T- 36 beyd.

1. Marna Taajir boqron oo
2. Marna taa'ib wadaad ah oo
3. Marna tawlan haween ah oo
4. Marna geesi tilmaaman oo
5. Marna taaniga awro oo
6. Marna taarka dabaysha oo

1. Tubaha tii u maraayiyo
2. Hadba Meesha la tegi
3. Ta'wiishiisa buruudka
4. Dadku waa isku tuuminoo
5. Waa loo toogo hayaaye
6. Alle taajir boqran u tabaalo ekaa;

7. Tagoogooyinka hoosiyo
8. Toolmoontiisa salaanta
9. Tabtii weeso sideed
10. Tilmaan aan ka go'aynba
11. Abiskiis kaga taaluu
12. Allee taa'ib wadaada u tabaalo ekaa;

13. Toosnaantiisiyo qaabka
14. Haddaad aayar taxaabi
15. Timihiisan guudkiyo
16. Tartiibtuu u socdiyo
17. Tamashlaynta dhaqaaqa
18. Alle tawlan haweena u tabaalo ekaa;

19. Meell tacshiirad rasaasiyo
20. Teeriyaal la afeeyiyo
21. Birta la isku tumaayo
22. Aman la isku turahayn buu
23. Iska tiinbanahayaaye
24. Allee geesi tilmaaman u tabaalo ekaa;

25. Tabartiisiyo xooggana
26. Haddaan taabka rakaabkiyo
27. Isku tiirsho dushiisa
28. Sida taallo dhadhaabah
29. Tebimaayo culayskee
30. Allee taagsiga (taariga) awrka u tabaalo ekaa;

31. Haddaan ruugga ku taago
32. Ama jeedal ku taabto
33. Tahan dhaafka fudaydka
34. Dhulka waa ka tagaayoo
35. Cirkuu tiigsanhayaaye
36. Allee taarka dabaysha u tabaalo ekaa;

Gabayo iyo geeraarro

- **Caddaaladda**
- **Mahadnaq Alle**
- **Khatarta iyo ka warhaynteed**
- **Go'aan qaadasho**
- **Kalsooni**

Afka inaku gaariyo codkaa la isku garanaayo
Niman baa gensadey oo ka jecel mid ayan gaareyne
Ugumana garawsana raggii Goosanka ahaaye
Labadaa ra'yoo kala geddoon yaw garnaqi doona?

WAA MAHAD ILAAHEEN -Gabay 25-

Gabay -M- 51 beyd. Waa mahadnaq Alle sida:

- Muslinnimada
- Nebi Maxamed (NNKH)
- Quraanka
- Salaadda iyo masajidyada;
- Maanka, murtida iyo miyirka;
- Caafimaadka iyo lixaadka;
- Neecawda iyo dabaylaha- biyaha, ceelasha iyo ilaha
- Cunnada; - Hubka iyo marashida ;
- Midabyada, dabeecadaha dadka
- Maalinta iyo habeenka;

Qorraxda iyo dayaxa;
Intaas iyo in kale muhiim u ah nolosha.

1. Dadka muran uun baa laynayee kala maqaan roone
2. Macbuudkeennu goortuu ka dhigay muumin iyo kaafir
3. Muslinkii uu naga yeelay waa mahad Ilaaheene;

4. Ummadiba mid bay nebiyadii marinki raacdaaye
5. Milladdiisa waxaan haysannaa Maxamedkeenniiye
6. Mushafaca Rasuulkeennu waa mahad Ilaaheene;

7. Madrisada wax loo geli Quraan maxabbadiisiiye
8. Isagaynnu maalmaha dhibta leh magangeleynnaaye
9. Masxafkaynnu daalacani waa mahad Ilaaheene;

10. Wax masaajid loo dhigay inuu mawllac khayr yahaye
11. Muddadii waqtigu joogo waa madal islaameede
12. Muqtaddaha jameecaadku waa mahad Ilaaheene;

13. Macrifada aqoontaahi waa maanka fiirada e
14. Murti ma leh ninkii aan caqligu maakin ku ahayne
15. Miyirkuu inoo uumay waa mahad Ilaheene;

16. Dabaylaha macnaa lagu wadaa waase moog nahaye
17. Naftay maaradeed tahay hawada ina maraysaaye
18. Macaawinada naacawdu waa mahad Ilaaheene;

19. Ma’ wuu ugu arooraa biyaha kii muxtaad ahiye
20. Haddii aan mataanuhu qodnayn lama makaabteene
21. Iluhuu inoo maaxshey waa mahad Ilaaheene;

22. Manfacaan cunniyo soortu waa noo macaan tahaye
23. Macandida la quudana hayaa lagu macaadaaye
24. Macayshyada inoo qorani waa mahad Ilaaheene;

25. Hubka lagu mardaaddiya hayaa waa maslaxad weyne
26. Ma mastuurra cawradu haddaan maro la saarayne
27. Marashida la qaataana waa mahad Ilaaheene;

28. Muwaafaqo ma wada yeelan karo maanka aadniguye
29. Nin waliba siduu moodi iyo malihi waw gaare
30. Midabyada dabeecaduhu waa mahad Ilaaheene;

31. Ayaamaha mukhtalifkoodu waa maalin iyo leyle
32. Meeshii la joogaba shamsada inaku meereysa
33. Iyo qamarka muuggiisu waa mahad Ilaaheene;

34. Mustaqiinba yay wada ahaan magaca naagoode
35. Macaamilo yaroo lagu qabaan lagaga maarmayne
36. Madaddaa-ladoodaasi waa mahad Ilaaheene;

37. Mawaashiga Rabbay nooga dhigay maal an lee nahaye
38. Isba lama muhleeyeen haddii anu maggaabeyne
39. Manaafacakan xooluhuna waa mahad Ilaaheene;

40. Maroodiga ka xoog weyn ratiga moodka gurayaaye
41. Haddii aan muddeecnimo ku jirin lama muquunsheene
42. Maxmuulkuu inoo qaadi waa mahad Ilaaheene;

43. Jiilaal hadduu maro arladu waa madowdahaye
44. Maddarkiyo wax lagu baansadaa milayga roobaade
45. Mayayguu inoo keeni waa mahad Ilaaheene;

46. Dhulka muunadiis waa haddii naqu ka muuqdaaye
47. Makaankii abaaraysni waa midab xumaadaaye
48. Malafka iyo doogaaddu waa mahad Ilaaheene;

49. Meel sare hadday dhalasho tahay waa martabad weyne
50. Waa miis xumaan kaa harayan magaca qaarkiise
51. Maamuuska nagu yaalli waa mahad Ilaaheene.

SOW MAAHA? -Gabay 26-

Waa gabay -H- 18 beyd oo lix arrimood oo mid kasta uu raacinayo xalkeeda ama sida laga yeeli karo, waa lixdaan arrimood:
- qofka aan lala heshiin Karin
- xaaska oo la is macne garan waayo
- hawo badida - hodanka xoolo dartood loo raacayo
- maalka iyo iimaanka
-adduunka iyo cibaadada.

1. Hilowgaad ka garataa intaad hilib wadaagtaane
2. Dad ninkaan hannaankii kalgacal heedhe kala weynno
3. Aannaan heshiin karin inaan ka haro sow maaha?

4. Naagtii aan ila hayn macnaha had iyo goor noolba
5. Aan ka hammiyeyn saan jeclahay iguna hawshoonnin
6. Waa igu haddaalmiye inaan hurayo sow maaha?

7. Wax hawadu ku jiiddaa khalqiga hawlkar iyo daale
8. In kastaanan hooygiyo ka bixin haraca beydkayga
9. Wixii horay la ii qoray inaan helayo sow maaha?

10. Nninkii maal ka haagaa nafluhu hebel yiraahdaaye
11. Waana loo hoggaansama hayaa hayb kastuu yahaye
12. Heybaddiyo maamuus wixii la hayo sow maaha?

13. Hantise laguma wada daa'imiyo hibada xoolaade
14. Habeenba waa wareegaa waxaad haysatoo dhammiye
15. Iimaanka hoosiyo niyada hodanku sow maaha?

16. Hindisada naftiyo damaca waa lagu hallaabaaye
17. Kolna haddaan hammi la'aan la arag hawlaha adduunka
18. Hanuunkiyo cibaadada inaan ku hirto sow maaha?

U DHOWAA -Geerraar -27-

Geeraarkan -C- 88 beyd. Wuxuu taabanayaa sagaal waxyaalood iyo midba waxa ag yaal oo uu keeni karo:
1. Bugtada iyo caafimaadka; 2. Boqorka iyo in la caayo;
3. Sokeeyaha oo la fogeeyo iyo shisheeyaha oo cid ciila;
4. Hodontooyada iyo cayrnimada; 5. Gaaloobidda iyo cadaabka;
6. Naagta xun iyo canaanta; 7. Gabadha aan is'ilaalin iyo ceebta
8. Wadaadka xun iyo cidda oo laga eryo;
9. Dowladda xun iyo casilaadda.

1. Nin hadduu cillad xoogliyo **2.** La caatoobo bugto oo
3. Cashiyoo la maliilo **4.** Inkastuu cudur toobay
5. Haddii aan cumrigiisiyo **6.** Calafkiisu dhammaannin
7. In caynaano la siiyiyo **8.** Caafimaad u dhawaa

9. Nin caleenta la saarayoo **10.** Curadoo la boqray
11. Hadduu caaddil garsooriyo **12.** Codkar uu noqon waayo
13. Asaan deeq lagu cawryin **14.** Inuu caasiyo uunku oo
15. La caayaa u dhowaa.

16. Cududduu ka dhashiyo **17.** Nin cashiirki fogeeyey oo
18. Citibaarta qabiilki **19.** Calooshiisa ka gooyey
20. In shisheeye ciriiryiyo **21.** Rag inuu ku cayaaroo
22. La ciilaa u dhowaa.

23. Ninkii cood Rabbi siiyey **24.** Inuu caaqil noqdo oo
25. Cindigiisa qaneeciyo **26.** Iimaan uu cuskiyo
27. Buu ku cayshi karaa **28.** Hadduuse caalle bakhayliyo
29. Ciirsilaawe noqdo **30.** Nabsi cawga u joogiyo
31. Cuqubaan ka fogeyne **32.** Haddii maalka col qaado
33. Inuu cayn sanba waayoo **34.** Cayroobaa u dhowaa.

35. Nin caddaanka kan gaalo
36. Culuumtooda u iishay oo
37. Caqiidooyin islaam iyo
38. Ka cadceedsaday diinka
39. Kolna cayshad jannaad iyo
40. Cafi loo fili maayee
41. In Ilaah u caroodoo
42. Cadaabaa u dhowaa.

43. Caan ahaanba haweenku
44. Waa inay codka koodiyo
45. Ceshadaan hadalkooda oo
46. Caadadooda xishood iyo
47. Ceesid ay ku wadaan
48. Hadayse caynka dullobayoo
49. Carrada haatan ka buuxa
50. Camalkood ku daydaan
51. In raggoodu colaadshoo
52. Laga cawdu-billeystiyo
53. Canaan baas u dhowaa.

54. Gabdhaha tii dhab u casoo
55. Caafimaad ka ifaayo
56. Raggu waw wada coloo
57. Waa la caashaqayaaye
58. Haddayse caaq noqotoo
59. Ciseyn weydo nafteeda oo
60. Ciyaalka ay is bartaan
61. Inay cawro haleesho oo
62. Ceebowdaa u dhowaa.

63. Wadaad waa cilmi kii leh
64. Oo caalimoo wax yaqaanoo
65. Cibaadeysan hayoo
66. Ka cabsooday Ilaahe
67. Mar hadduu dad cabiidsiyo
68. Cunto-raadis noqdo oo
69. U currraafo haweenka oo
70. Asmadaan celiyaa
71. Ku caanaysto ayaamo
72. In sirtiisu caddaato oo
73. Candaduu khatalaayiyo
74. Caamadii garato oo
75. La cayrshaa u dhowaa.

76. Dowlad caaqibadeedu
77. Waa inay carradeeda
78. Cammiraad ku waddaa
79. Cawintaana dadkeeda oo
80. Cadli ay ku dhaqdaa
81. Ninkii caasi-garoobana
82. Ay ciqaabi kartaa
83. Haddayse caajis ahaatoo
84. Caalwaa ay noqoto
85. Dadka kii caqliggaab iyo
86. In carruuri ku dheesho oo
87. Cadowgeed ku farxiyo
88. Casilaad u dhowaa.

KAGA MA CIILBEESHID -Gabay 28-

Cabdixaliim Cismaan Keenadiid buu ku halqabsanayaa.
13 Xaaladood gabay ku cabbirayaa: 1. gabayga; 2. Aakhiro; 3. Wiswiska; 4. Cimriga; 5. Bidcada; 6. Martida; 7. Xilaha; 8. Sadaqad: 9. Xumaha; 10. Tajribada; 11. Cadowga; 12. C addaalad; 13. SYL.
Gabay -C- 64 beyd.

1. Cabdow anigu waayaha ma marin cuurkii maansada e
2. Carcarteedna ima haynnin iyo curashadeediiye
3. Cajaa'ibaha dunidaan arkoon caajis la ahaaye
4. Cod yar bal iga hoo dhawr hal baan kuu calaamadine

5. Gabay waa ciraab ragannimo iyo cimilad waayeele
6. Caqlaa lagu dhisaa iyo fahmada loo cawaansado e
7. Inaadse caarif ku ahaatid iyo inadan caadeysan
8. Horta labada cayn midaan ahayn kaga ma ciilbeeshid;

9. Adduunkaan cabiidsadey dadkoo la isku cawreeyey
10. Citibaar ninkii lihi ogaa ciribxumaantiise
11. Casho noolba aakhiro hadduu kaa cillaala hayo
12. Cabsi Eebbe mooyee si kale kaga ma ciilbeeshid;

13. Shayddaanka laga cawdsado e nagu cayaaraaya
14. Colaad iyo dhib buu nagu hayaa cadawgu goor noole
15. Cibaadada Ilaahay kolkuu kaa celcelinaayo
16. Cuskashada Quraan waxaan ahayn kaga ma ciilbeeshid;

17. Ayaamuhu cawiyo maalin ways cirbinayaane
18. Cabbaarkii yaroo kaa gudbaa waa cad kaa go'aye
19. Cimriga sii gurmaayiyo waqtiga soo ciriiryamaya
20. Camal falasho mooyee si kale kaga ma ciilbeeshid;

21. Adduunyada cinaad iyo khilaaf caan ahaa jira e
22. Sharcigii caddaa bay bidcadu kaa calwinayaane
23. Cilmi aynnaan aqoon jirin haddii laynaku cilleeyo
24. Caqiidada ku roor waxaan ahayn kaga ma ciilbeeshid;

25. Ninkii caaqil ahi waa martida inuu ciseeyaaye
26. Caaqibo ma loo muudal baa caayan weligiise
27. Culimmiyo ayaantii ikhyaar culusi kuu joogto
28. Cayn noolba sii waxaan ahayn kaga ma ciilbeeshid;

29. Naagaha middii caasiyaan ceesid garan haynnin
30. Kol haddaan xishood celina hayn waa col kula yaale
31. Canaanta iyo waanada markii laga la caalwaayo
32. Ciddaadaba ka saar waxaan ahayn kaga ma ciilbeeshid;

33. Sadaqadu cafiyo jeer danbay ciirsi leedahaye
34. Cindallaahi taad geysataa calaf u door roone
35. Masaakiinta coodka aan lahayn amase cayr baahan
36. Cuntaduu hur mooye si kale kaga ma ciilbeeshid;

37. Cayaar waxaad u yeeshaa dib bay kula cuslaadaane
38. Waxa lagu cadaabmudan dadkana lagu ciqaabaayo
39. Xanta la iska caadeystey iyo cayda iyo beenta
40. Ka codgaabso mooyee si kale kaga ma ciilbeeshid;

41. Casiiskii abuuraa khalqiga cayshadduu qoraye
42. Cudurkiyo xaggiisay ka iman caafimaadkuba e
43. Ayaantaad caloolxumo qabtoo si u ciriiryoontid
44. Cawinadiisa mooyee si kale kaga ma ciilbeeshid;

45. Rag cadaawannimadaada qaba iyo colaaddaada
46. Hadba ciidan uu dumay hadduu kugu cabsiinaayo
47. Asuu ceebta aad diiddan tahay caalgabnimo moodo
48. Cududdaa tus mooyee si kale kaga ma ciilbeeshid;

49. Caddilaad ma huro shay hadday cido wadaagaane
50. Caqlina ma laha keligaa ninkii cun isyiraahdaaye
51. Hadduu camal wax lagu qaybsadiyo caaddilnimo waayo
52. Ka cadgooso mooye si kale kaga ma ciilbeeshid;

53. ‘Leeggii’ la wada cawryi jirey ma aha caynkiiye
54. Ciskiisii beddelan jeer hadduu caarranaan jiraye
55. Carraduu ku dhacay kawkabkii caaliga ahaaye
56. Cilaaq iyo khilaaf baa dhex yaal caawa naadiga e
57. Haddayse calowsan tahay oo arrimi caad ka bixi weydo
58. Cammuud kaa dabooshiyo hadday ciidda ku hallowdo
59. Amay cudurtiyowdoo bugtiyo caallir ku abaaddo
60. Cirrooliyo waxaa toosin jirey caalin fiiro lehe
61. Caaqibo ninkeed iyo haddaan caaqil gela haynnin
62. Carruur uga daraysiyo haddii caamo ka adeegto
63. Cirka hadday u duushoo raggii celin lahaa weydo
64. Calooshaba ka goo waxaan ahayn kaga ma ciilbeeshid.

Cabdixaliim Cismaan Keenadiid AUN

IGA DAWEYNEYSA -Gabay 29-

Gabay -D- 84 beyd guud ahaan wuxuu ka hadlayaa labaatan arrimood oo halis ah adduun iyo aakhiroba iyo labaatan kaa daaweynaysa khatartaan oo aad iskaga ilaalin kartid.

1. Haddii gabaybа damac lee yihiyo daawashiyo xiiso
2. Waa la isku daaline rag loo daalacshaa jira e
3. Annase dulucdu meeshay tihiyo dawga ku abbaaran
4. Docna ugama leexshee macnaha waa u deyn jiraye

5. Haddana diriqsi uun buu ku dhacay daadsashiyo boobe
6. Niman baa dabaashiis ku jira aan dugsuu geline
7. Kolbase doodda tay ahi hadday daabac noqonayso
8. Oo anan u daahaynnin baa iga daweyneysa;

9. Uunkaan la duufsana hayoo loo duwadey meel xun
10. Dabeecadda beddelentey ee kufriga looga dayanaayo
11. Dulmiga la isku raaciyo sharciga loo dangeli waayey
12. Inaan anigu diiddanahay baa iga daweyneysa;

13. Dooc midaan ogeyn bay hawadu deli ka xoortaaye
14. Ninkuu hor u diloodaa hunguri lagu dulleystaaye
15. Daaraha rag buuxsana hayiyo doollarrada yaalla
16. Deeqii Ilaah ii qoraa iga daweyneysa;

17. Dib buu qoomameeyaa ninkii duni israacshaaye
18. Derejada la kala riixanee lagu dadaalaayo
19. Barlamaanka lagu daatay ee rag isu deyn waayey
20. Inaan damacba iga haynnin baa iga daweyneysa;

21. Soomaali laga daah inay dan isu fiirshaane
22. Dudmo iyo khilaafkay qabaan waa dareen culuse
23. Inay doc isu raacdiyo haddii daacad laga waayey
24. Rabbi inuu dammiinkeed yahaa iga daweyneysa;

25. Adduunkaan dayow sida u yahay delidhacyaynaaya
26. Hadba wuxuu la soo degin ammuur inaka diimmoone
27. Dariiquu wax marinaayo oo duul walbiba yaabi
28. Inuusan daa'in noqonaynnin baa iga daweyneysa;

29. Jinni baysku diray oo nafluhu waa isdagayaaye
30. Diinlaaweyaashiyo intaan dar Alle eegeynnin
31. Dibindaabyo hoosiyo ninkii doonaya xumaato
32. Inaan duxi ka raacaynnin baa iga daweyneysa;

33. Ragga qaar daliillada sharciga waa dacniyayaaye
34. Intii daallimiinoo ku wacan duminta khayraadka
35. Inkastay dadkiiska hor-wadaan oo la dabajoogo
36. In ceebtoodu daahiri dhaqsaa iga daweyneysa;

37. Derisaan waana laga maarma hayn dumarku weeyaane
38. Iyagaa daraaddood guryaha lagu dangiigaaye
39. Hadbase tii doqnowdoo xilkiyo daacadaha seegta
40. Dalaaqdii cilmigu sheegay baa iga daweyneysa;

41. Xigaaladu daryeel iyo kalgacal bay ku dumantaaye
42. Wax dulloobey ruuxii xurmada laga daboolaaye
43. Qaarkeen dubkii dhalashadiyo diiddan magaciiye
44. Inaan danise iga haynnin baa iga daweyneysa;

45. Durba waa ahaadaa wuxuu doono Eebbahaye
46. Qoonkii duceystana kol buu daw u bixiyaaye
47. Dowladnimada noo timid asaan dad u ahaan weynney
48. Ilaahay sidii uu damcaa iga daweyneysa;

49. Docna kuma negaadoo nabsigu waa dawaar socone
50. Nin ragoo danbeeyiyo qabbaan daalacaad arage
51. Daciifnimo korloo dhiga hayiyo derejo hoos aadi
52. Inuu dunida xaalkeed yahaa iga daweyneysa;

53. Diifahakan cudur maalintaan yare dareemaayo
54. Dabiib kulama rooriyo bugtada gaal iisoo dura e
55. Waxbana igama daafici kareen kii doktoor ahiye
56. Kolkii anu i dila hayn Rabbaa iga daweyneysa;

57. Kirishtada dalkeenni gashoo daaf walba u raacday
58. Demiinkaan waxgaranaynnin bay dagi karaysaaye
59. Duwashadiyo ceebtii kufrigu inala doonaayo
60. Diinkii horaan haysannaa iga daweyneysa;

61. Waxa ruuxa kayga ah dulmiyey oo darbo u geystey
62. Denbiyada an falay oo Catiid geliyey diiwaanka
63. Darraanshaha naftaydiyo waxaan dacas u soo jiidey
64. Dusha Eebbe iyo toobaddaa iga daweyneysa;

65. Dabciga aadanuhu waa waxaan daaqo loo heline
66. Dannigeennu suu jecel yahuu doonayaa abide
67. Muraadkaan dalba hayaa kolkuu soo degdegi waayo
68. Iimaanka igu deyran baa iga daweyneysa;

69. Isdareensi baa nagu jiraan waana dama haynnin
70. Arrinta dilantey xaajada raggi deyi yiqiin weydey
71. Inta inaku diran oo xaqii dabamaryaynaysa
72. Inuu Eebbe daalacan hayaa iga daweyneysa;

73. Nin kastoo darbaysnaa kol baa loo danqumiyaaye
74. Diin gurguurta iyo waysku kadab dirica rooraaye
75. Ummadaha dadaalkooda iyo debecsanaanteenna
76. Daa'irada loo siman yahaa iga daweyneysa;

77. Duulkaan cilmi lahayn hawadu waa la durugtaaye
78. Midbana wax u dahsoon waa isagu door inuu yahaye
79. Maankays dafirayee haddii la isku wada diimin
80. In dib la is ogaan doono baa iga daweyneysa;

81. Digrigu caynankuu lee yihiyo Dahiyo Yaasiinka
82. Derbi weeye nagu meersan aan dumid ka yaabayne
83. Dacdarooyinkaan ka cabsiqabo labada daaroodba
84. Quraankaan dareerina hayaa iga daweyneysa.

LAGU MA DIIMAAYO -Gabay 30-

Gabaygaan 1-24ka beyd ee hore waa arar. 25-69 ka beyd ee kale waa waxyaalo markay dhacaan sababtay u dhaceen la garan karo oo aan lala yaabayn.

1. Abaarta haddii roob ka danbeeyo;
2. Gaaladu hadday ina dibindaabyeyso;
3. Dunida haddii dareen ka bixi waayo;
4. Haddii dadku soo xumaaday;
5. Haddii dagaallo dhacaan;
6. Gunta ballan furyadeeda.
7. Dawdarrada dumarka;
8. Haddii axdi,abaal iyo ixsaan la la'yahay;
9. Nin darbaysnaan jirey haddii Ilaah daa'iro u furo;
10. Soomaalidu hadday dowlad noqoto;
11. Culimmada xunxuni hadday caamada dulleysato;
12. Dusha qaarkeed, haddii la eedo;
13. Dulmi hadduu bixi waayo oo tolnimo dhimato;
14. Qofkii cimriga loo dheereeyey hadduu da'oobo - kii xoogga badnaa hadduu soo debco - duqowga haddii geeriyi dabataal – haddi ihodantooyada iyo cayrnimadu isbeddelayaan - colaadda iyo nabaddu hadday kaltamayaan. **GABAY**

1. Ma deelqaafsho maansada haddaan dayo abiidkay
2. Dariiqeeda ka ma leexiyiyo dawga ay mariye
3. Dadaalna waa isku raacshaa rag ay daalisaa jira e

4. Dalla'aanta loo galo waxaan diidey waa hore e
5. Niman baa darooraan la rabin daa'inkoood wada e
6. Daraf waxaan ka sheegaa kolkay daymo leedahay e

7. Sida waaga oo daalacay iigu daahiriye
8. Doondoonad ku ma raadiyee waygu soo degiye
9. Malaha dalandalkii baa fahmada la igu daabacaye

10. Degdeg ku ma wanaagsana haddaad damacdo hawraare
11. Dib in hadalku loo sii dhugtay daawadiis tahaye
12. Deli buu ka tuuraa ninkaan dood u fiirsaniye

13. Gabayba dayris laga yeel hadduu door ahaan jiray e
14. Duugow raggiisii waxbana ka ma danbeeyaane
15. Kuwa haatan doondoonayaa diriqsi weeyaane

16. Dulucdiisa hoosiyo macnaha deyiba maayaane
17. Daleel iyo cidluu kaga dhacaa kaan dugsuu geline
18. Wuxuu kaga dilmaa meel yaroo anu dareemeyne

19. Anna waa ka degey waayadaan dacwadiisiiye
20. Rag uun bayga doocina hayee dan u ma yeesheene
21. Waaba iska daayaye hadday igu diraayaane

22. In higgaaddu dalab yeelataa waa demiinnimo e
23. Hadba xaraf an doortaan macnaha dabadhigaayaaye
24. Maydiin daliishaa tixdaan deelka ka abbaaray?

25. Dal abaari goysoo wax badan roob ka di'i waayey
26. Haddii daad ayaan keliya maro amase doogaadi
27. Deeqa Eebbahay baa ahoo lagu ma diimaayo;

28. Gaaladu darraanshaha hadday inaka deyn weydo
29. Dibindaabyo mooyee haddayan debec inoo yeelan
30. Dubkaan keen isugu oollin oo lagu ma diimaayo;

31. Dareennada arlaa'iga ka iman dil iyo laystaanta
32. Docdii laga yimaadaba fidnada duul walbiba sheegi
33. Dunidaan xumaataa leh oo lagu ma diimaayo;

34. Aadniga ka soo dara hayaan dib uga raynaynnin
35. Deriskiyo sokeeyuhu hadduu damac heshiin waayo
36. Daacadli'ida joogtaa ahoo lagu ma diimaayo;

37. Rag dakano hadday kala gashoo diirka ka colloobo
38. Kol haddii duqowdiyo ergada lagu daweyn waayo
39. Dagaal baa salkoodii yahoo lagu ma diimaayo;

40. Dadaalkeeda guni waa markii dani eryeysaaye
41. Goortay daryeel kaa heshay kugu darraataaye
42. Dad xun baana caadadi tahoo lagu ma diimaayo;

43. Daw waxaan ahayn buu wanaag dumarku moodaaye
44. Dudmo hore adoo qabey hadday daalac kula raacdo
45. Dabeecadda haweenkaa ahoo lagu ma diimaayo;

46. Dunidii horeetaa axdigu deyn ahaan jiraye
47. Wayska dafirayoo abaal diid ninkii qabaye
48. Waana waxa ixsaankii diloo lagu ma diimaayo;

49. Nin hadduu darbaysnaan jiroo dacas ku dheeraaday
50. Rabbi wuxuu durraamadi badsho ama duceystaaba
51. Daa'iro haddii uu u furo lagu ma diimaayo;

52. Soomaali dulunkay qabtiyo daaqad yarideeda
53. Dulli bay ku raagtaye hadday dowladnimo gaadho
54. Waa amar Rabbi u soo dejoo lagu ma diimaayo;

55. Culimmada midkii deys ah baa doorsha caamada e
56. Dalbaddiyo ishaarada hadduu deeq ku sabanaayo
57. Diin gaabi baa haysa oo lagu ma diimaayo;

58. Nin xumaato laga doonayaan diririn aadkiisa
59. Daqnan waayey bay oran hayaan deynna mahayaane
60. Dushana qaar la eedaa jiroo laguma diimaayo;

61. Dabeec iyo wanaag baa tolnimo kuugu dumantaaye
62. Dulmi rag uu ka bixi waayey waa kala dadoobaane
63. Inaan daawo laga eega hayn lagu ma diimaayo;

64. Ninkii laga dibdhigay mawdka waa inuu da'oobaaye
65. Dirica xoogga weyn lihi mar buu soo debca hayaaye
66. Duqowga iyo geeridu khalqiga waa derbi u yaale

67. Dallacaadda hodantooyo iyo dayrsashada caydha
68. Colaad la isku diiqo iyo nabad dil iyo noolaansho
69. Delidhaca samaankaa ahoo lagu ma diimaayo.

"Soomaali dulunkay qabtiyo daaqadyarideeda
Dulli bay ku raagtaye hadday dowladnimo gaadho
Waa amar Rabbi u soo dejoo laguma diimaayo"

UGU DHOWAAN MAAYO -Gabay 31

Lix arrimood buu Cismaan gabayga markaas uga gaabiyey. Wuxuu ku halqabsanayaa **Cali-Baashi Cismaan Keenadiid.**

Waana sidaan -Dh- 42 beyd:

- Gabaygii oo aan fiiro loo lahayn;
- Gabaygii oo noqdoy mid keenaya qabyaaladdii laga baxay
- Gabayga oo aan la danaynayn;
- Ciil uu ka qabo kala qeybsanka Soomaalida;
- qofkii tiriyey gabayga oo la dhibayo;
- In xaalka adduunka la yaaban yahay;

1. Dha'da gabaygu Caliyow ma aha dheel iyo cayaare
2. Dhegtuna waa u jeeshaa middaan kala dhantaallayne
3. Anse wayska dhigay waayadaan dhugashadeediiye

4. Xaraf igama dhuuntee wax uun baan dhibsanayaaye
5. Tixdaan kuu dhammayn jirey haddii aad iga dhawreysid
6. Lix haloo dhasiig igaga jiro ugu dhowaan maayo;

7. Dhabiisheeda maansada rag baan dhibicna moogeyne
8. Dadna wuxuu dhegeysana hayaa dhihitinkeedaase
9. Dhawaaqaa koreetay maqliyi dhuuxi mahayaane;

10. Dhici mayso ruuxaan macnaha sii dhedhemineyne
11. Dhab ninkaan u garanayn intay dhaafi baa badane
12. Horta inaan dhugmaba loo lahayn ugu dhowaan maayo;

13. Dhallinyaro colaad iyo markey dhood u wada joogto
14. Dheeldheelka gabayada haddii rag isu dhiibaayo
15. Dhaaxaba dadkeennaasi waa dhalasho faanaaye

16. Dhagax weyn la saar ficiladii inaku dheerayde
17. Anaaniyo la dhaaf iyo midkii dhaqan xun keenaaya
18. Dhaartaan marraa diiddan oo ugu dhowaan maayo;

19. Nin cilmiga dhammeeyiyo midkaan dhigan waxoogaaba
20. Dhaanshaha adeegiyo midkii dhuubka lagu duubay
21. Dhallaan weli an qaangaarin iyo dhoofcaddaa odaya

22. Haddaad dhugatid aadnigu markaan wax isma dhaamaane
23. Nin kastoo dhammaanshaha caqliga lagu dhabiilaayey
24. Inaan loo dhegraaricinahayn ugu dhowaan maayo;

25. Soomaali dhiillada gashiyo kala dhaqaaqeeda
26. Dhabbahay gefeysiyo tashiga say isula dhaaftay
27. Dhaqankeeda uun baa kolkaan dhuganba yaabaaye

28. Dhaca foolxun oo lagu hayiyo dhaawacyada gaari
29. Dhibaatada ku wada saabsan iyo dhimashaday joogto
30. Dhirifka iyo ciilkaan ka qabo ugu dhowaan maayo;

31. Dhulka niman ku dheelaa jiroo dhibay adduunkiiye
32. Dhabdarrada la soo qaban nimaan dhimin waxoogaana
33. Dharaartiyo habeenkiiba been la isla dhaafaayo

34. Dhaqaalkii islaannimo haddaan la isku dhawraynnin
35. Dhuhlaha hoose iyo xaasidkaa dhihi wuxuu doono
36. Dhuunaaba nala siisan oo ugu dhowaan maayo;

37. Adduunyadatan soo dhaysisoo dhaaftay milaygeeda
38. Wax uun baa ka dhow oo sidii dhalitin weeyaane
39. Horna wixii u dhigay Eebbeheen wayska dhacayaane

40. Dhan walbaba wax laga sheegayaa dhiig iyo colaade
41. Dhinac iyo intii aan docday dhigato eegeynno
42. Sidii dhaygag baan u eg nahoo ugu dhawaan maayo.

YAW GARNAQI DOONA? Gabay 32-

Maxay yihiin Waxyaalaha garnaqa u baahan ee Cismaan tiriyey? Waxay yihiin:

- Gabay-yaqaanka iyo gabay – gowraca
- Gumaystayaashii iyo muslinkii la gumaysanayey
- Ingiriiska iyo Jamaal Cabdi Naasir
- Wadaaddadii hore iyo dhallinayaro hadda kacday
- Leegada iyo kuwa ka soo horjeeda
- Godadlaha iyo goonbaarta
- Duqowda talisa iyo geesiyaal dibadda jira
- Laandheeraha iyo laangaabka
- Gabdhaha iyo xilka
- Gacalada tolka iyo dabakannaaxa
- Caasiga iyo waalidka
- Waayeelka labo gallaha ah iyo bahdiisa
- Jaasuuska arlada iibsanaya iyo waddanka
- Dadka oo midba qummanihiisu qoorta ugu jiro
- Goosanka Afka iyo kuwa af - soomaaliga neceb
- Dadka madow iyo nabsiga
- Reer Galkacyood iyo sharciga.

Goosan: Waa qayb ka mid ahayd ururkii SYL, oo qaabilsanaa arrimaha waxbarashada ilaalinta dhaqanka iyo suugaanta soomaalida. Waxaa la aasaasay 1949. Shaqada ay qabtaan waxay ahayd inay dadka wax baraan oo dugsiyada SYL ku dhigaan. Waxay kaloo dadka bari jireen Farta Soomaaliga ee loo yaqaan Cismaaniya. Waa gabay -G- 72 beyd.

1. Niman baa iska gelayaan aqoon gabayga xeeshiise
2. Iyagaan ka gurin laaxinkay golaha keenaane

3. Nin gudmada ku toosina hayoo gaarna uga leexin
4. Iyo gebidhaclayn kuu ku yahay yaw garnaqi doona?

5. Muslinkii gumeysiga ku jirey garey xumaantiiye
6. Guhaad iyo wuxuu wada qabaa geyrashiyo ciile
7. Giddigiis Islaamkii hadduu gees isugu leexday
8. Iyo gaaladaynnu ogsoo66n nahay yaw garnaqi doona?

9. Gardarriyo adduunkaan wax rogey garabkutaaglayne
10. Suweyska gaarka lagu meershey waa reero gurigoode
11. Gubniyiyo col baa degey aan rabin inay ka guuraane
12. Godobta Ingiriiis iyo Jamaal yaw garnaqi doona?

13. Culimmada gadaalkaan waxaa galay khilaaf weyne
14. Giyigaan dariiqooyin baa gooni ku ahaaye
15. Khaliifyadatan guutada watiyo calanka giirgiiran
16. Iyo gabanno soo baxay dhowaan yaw garnaqi doona?

17. Soomaali gobannimo waxaw geeyey 'Leegada' e
18. Gabbaad lagu hirtaa bay noqdeen amase gaashaane
19. Nimankii u guntadey oo xornimo goor walb u taagan
20. Iyo kaan la garanayn macnaha yaw garnaqi doona?

21. Guul iyo khasaaruu mid uun guurku lee yahaye
22. Gabalna waa la eedaa haddaan loo geyaan deyine
23. Gaariyo ninkii rag ahi waa gedo heshiiyaane
24. Godadle iyo goonbaarta xuna yaw garnaqi doona?

25. Dadku garaha maankiyo caqliga waw gudboon yahaye
26. Garcaddihiyo wiil haatan kacay ways gefa hayaane
27. Duqowdaan xafiisyada gashoo talada goyneysa
28. Iyo geesiyaal dibadda jira yaw garnaqi doona?

29. Laandheere gob ahaan jiroo gocoshadeed hayso
30. Iyo kii ka gaabnaan jiroo haatan garab taagan
31. Gedda keeri yahay baa kan kale gaar islee yahaye
32. Labadaa garaad oo ku jira yaw garnaqi doona?

33. Gabalkood haweenkii la arag inay geddoomeene
34. Guryay ku asturraayeen intay gaabsana hayeene
35. Garanwaa dhul laga sheegi jirey beyna soo galaye
36. Gabdhaha haatan joogiyo xilkii yaw garnaqi doona?

37. Ninkii gaajo qabi jirey haddii Guulle wax u dhiibo
38. Gadaal wax uma fiirshoo hawaa geysa meel darane
39. Cidna uma gargaaroo faqruu garan abiidkiise
40. Gacalada tolkiyo dabakannaax yaw garnaqii doona?

41. Guuleysteyaal kuu kacaa waa gargaarsimo e
42. Gacaltooyo ma leh wiil hadduu gooyo ehelkiise
43. Mid xarrago isgodayaa jiroo gabari dhaantaaye
44. Gablame caasiyiyo waalidkiis yaw garnaqi doona?

45. Waayeel gurracan oo caqligu gaasir ka ahaaday
46. Aan labaggallayntiyo denbiga gelinna dhaafaynnin
47. Gujiyo ceeb ma waayee bahdiis wuxuu u geystaaba
48. Goortay gefkiisa istusaan yaw garnaqi doona?

49. Galladaha Ilaah iyo xurmada garabmar jaasuuse
50. Wuxuu galabsanayaa waxdaran guuldarraystuhuye
51. 'Garaaddada' la siin waxaa ag yaal geeri iyo ceebe
52. Kuwa ganacsanaayiyo arlada yaw garnaqi doona?

53. Gargeyrtiyo guddoonshaha koriyo gaban an qaangaarin
54. Gurbood meeldhexaad ah iyo oday gaabiyiyo naago
55. Mid waliba inuu gaan yahuu gaashana hayaaye
56. Dadba hadduu garaad miiran yahay yaw garnaqi doona?

57. Afka inaku gaariyo codkaa la isku garanaayo
58. Niman baa gensadey oo ka jecel mid ayan gaareyne
59. Ugumana garawsana raggii Goosanka ahaaye
60. Labadaa ra'yoo kala geddoon yaw garnaqi doona?

61. Intii gibil madow duniyaddaan gooni laga yeelye
62. Gargaar kuma qabaan uumiyaha gaaliyo islaane
63. Gaadiid in laga wada dhigtaa loo gol lee yahaye
64. Sida loo gelaayiyo nabsiga yaw garnaqi doona?

65. Ayaan noolba gaas baxa hayiyo geel la kala qaadi
66. Guuyada la kala meersan iyo guutada isdhaafi
67. Ragga gowrac lagu jiidayee goob walbaba yaalla
68. Galbeedkiyo xaggaa Bari fidnada labada geesood ah

69. Gudaha beledka geyr iyo colaad la isgurreynaayo
70. Guddi belo gar wada leexsan iyo xaal aan go'a haynnin
71. Odayaal gurguurana hayoo goor xun soconaaya
72. Reer Gaalkacyood iyo sharciga yaw garnaqi doona?

KAGA TA'WIIL QAADO -Gabay 33-

Wuxuu ku halqabsanayaa **Cabdixaliim Cismaan Keenadiid.** Hordhac kadib 12 arrimood buu mid walba taabanayaa isaga oo faallo raacinaya. Waa gabay -T- 48 beyd. Arrimuhu waa:

- Qofka quraanka akhriskiisa badiya
- Wadaadka liita
- Toobadda aan lillaahi ahayn
- Hodanka iimaanka daran
- Aadanaha oo la baryo
- Hawo badida
- Guga iyo jiilaalka
- Cudurka bixi waaya
- Talo iyo midnimo la'aanta
- Arrintii loo tab waayo
- Tadbiir xumada Soomaalida

-Tabaalaha adduunka.

GABAY

1. Tixda gabayga niman aan Cabdow toosin baa jira e
2. Nin tacliin sidayda u qabaa lagu tebaayaaye
3. Ma toolmoona aadniga midkuu tiriyo qaarkiise

4. Uma tacjiilo abidkay haddaan toogo ii qabane
5. Kol uun baan hal uurkayga tegey kaga tiraabaaye
6. Bal tilmaanso meel gaaban baan kaa tusa hayaaye:

7. Tawxiidka la is faray rajaa lagu tabcaayaaye
8. Tilaawada ninkii laasimiyo tahajudkii leylka
9. Inuu taabacnimo khayr ku jiro kaga ta'wiil qaado;

10. Taqwadaad ka garataa wadaad taa'ibnimadiise
11. Hadduu taab islee yahay adduun tuur shareecada e
12. Inuu tiirri duullaan ah yahay kaga ta'wiil qaado;

13. Toobadaha waxaa ka ansaxa tii lillaahiyahe
14. Tubtii nebiyadeennii middii laga tallaabsiiyo
15. Inaan Eebbeheen taqabbalayn kaga ta'will qaado;

16. Tawal nimuu dilaayoo haddana taajiraad arage
17. Tawakalidda Eebbaa ka roon tacabka xoolaade
18. In iimaanku tiir xoog leh yehay kaga ta'wiil qaado;

19. Rabbi baa la tuugaa haddaad toogo leedahaye
20. Aadane wixii loogu tago tacaddii kaa raacye
21. Temmin weyn inuu kaaga dhicin kaga ta'will qaado;

22. Ninba taagti sebenkaan hawuu tiigso lee yahaye
23. Tabarse lama gudbiyo dhalashadii kugu tilmaannayde
24. Inaan taako laga nuuxsanayn kaga ta'wiil qaado;

25. Gu tanaaday doogaadda oo meel walbaba taalla
26. Tigaad badan haddaad aragtid iyo togagga oo buuxa
27. In jiilaalna toogihi xigaan kaga ta'wiil qaado;

28. Ninkuu taaban meleggii wax baa lagu taqdiiraaye
29. Cudur loo tab waayiyo hadduu taws ka bixi waayo
30. Tawin geeriyaad baa waddee kaga ta'wiil qaado;

31.Talo la isku waafaqa hayaa tol isku raacaaye
32. Ninba tow u gooniya haddii tiisu marinayso
33. Tafaariiq inay noqon hayaan kaga ta'wiil qaado;

34. Arrintaan Ilaah toosinayn looma taag helo e
35. Tusmadiyo haddaan caaqilladu garannin tawfiiqda
36. Amar tiinki galay baa jiree kaga ta'wiil qaado;

37. Taarka roorayoo geyn wixii lagu tiraaboo dhan
38. Dayuuradaha tiigsada cirkee sida tukuu duuli
39. Tareenka iyo baabuurradaa tubaha qaadaaya

40. Dad kaleba tadbiir iyo caqluu taransanayaaye
41. Iyana teeri iyo minday weli tumaayaane
42. Tartiib xumada Soomaaliyeed kaga ta'wiil qaado;

43. Tiiraanyo iyo faraxu waa soo tartamayaane
44. Takhsiirta iyo feydeysiguna taraddan weeyaane
45. Tallaabada intaad qaadi baa taam midkood noqone

46. Hadbana tabo jadiidaad arkiyo tu aynnu moogeyne
47. Ninbana tii Ilaahiis u qoray waa isaga taale
48. Tabaalaha adduun waa sidee kaga ta'wiil qaado.

MAROODI TAANI NOQDAY -Geeraar 34-

Geeraarkaan waa tusaale, in dadku isku naxariisto, si bulshada xiriirkeedu u wanaagsanaado guud ahaan. Geeraar -T- 29 beyd.

1. Maroodi taani noqday oo 2. Tahanti xoog Alle siiyeyoo
3. Dhirta weyn ku tunta 4. Isagoo tub maraaya
5. Quraanyo an taagba lahayno 6. Tukubeysa agtiisa
7. Sow inuusan tebeyn oo 8. Taageereyn ma hubno;

9. Dadkuna wayska tabtaasoo 10. Ma tayeeso badna
11. Turaalna looma abuurin 12. Tanaad xoolo ka buuxa oo
13. Qalbigii tiirri noqday 14. Hawana ay la tagtay

15. Taariikhdu say dhigi doontiyo 17. Taxaddar aan u lahayn iyo
18. Miday tuurtay abaariyoo 19. Maalkiisii tirtirtay
20. Ma toloobi karaan;

21. Tonnelaato bariis iyo 22. Timir aan wax ahaynoo
23. Tafta loogu ridaayo 24. Tarimayso waxba e'
25. Uunku may tashadaan oo 26. Taajirkooda abuuriyo
27. may tuugaan Rabbigood oo 28. Toobad soo celiyaan
29. Toddobka haw di'iyee.

GELI CALOOSHAADA -Gabay 35-

Gabay -G- 12 beyd uu ku halqabsanayo **Nuur Cismaan Yuusuf Keenadiid.** Waxaa laga hayaa intaan yar oo intii badnayd waa maqan tahay.

1. Indhoweyto gedihiis ma dhugan gabayga Nuurowe
2. Gaaxdiisna ima haynnin iyo godolladiisiiye
3. Haddaad garashadiis igu tiqiin gooyey waayaha e

4. Gedgeddoonka dunidaan ah oo goor walbaba cayn ah
5. Markii aan garwaaqsado fahmadu waygu gaaggixiye
6. Kolkaasaan gurraansho u noqdaa saan gibbaan ahaye

7. Ninnana wax uma geystoo nafluhu way gudboon yahaye
8. Gashi hadalki keenaaya iyo godobi waa ceebe
9. Awal baanse gaafmeeriddiyo guudmarka aqiine

10. Toban halaan ka guray laaxinkii e gocosho waayeel ah
11. Oo aanan kala gaabinoo meel isugu geeyey
12. Hawraarta niman baa gudbee geli calooshaada

SIDEE LOOLA HESHIIN? -Geeraar 36-

Geeraar -H-16 bey, intaas baa laga hayaa

1. Hoo nimaan ku tarayn
2. Hiilna kuu gela hayn
3. Hantidii aad u yeeshiyo
4. Inta maal u hibeysey

5. Kuugu haynnin abaal
6. Hawana aad uga buuxdo
7. Oo hanad baan ahay fiican
8. Iyo rag adaa u horreeya

9. Hiyigiisu tusaayo oo
10. Daruurta haadi korkeenniyo
11. Cirkaas haamin haya
12. Haddaad hoos u ogaatana

13. Hungo aan waxba dhaamin
14. Oo halna aan ku tarayn
15. Hilibna kiin isu keenay
16. Sidee loola heshiin?

Gabayo iyo geeraar

KAFTANDHABLE

Gabayo Kaftandhable ah laba laba qof:

-	**Reer magaal**	**iyo**	**Reer miyi**
-	**Wadaad**	**iyo**	**Dhalinyaro**
-	**Habar**	**iyo**	**Gabar**
-	**Gabar ilbax**	**iyo**	**Wiil dhaqan**
-	**Nin talyaani**	**iyo**	**Nin Soomali**

Cali	V	Liibaan
Shiikh	V	Wiil
Xaliimo	V	Beydan
Carad	V	Maxamed
Jusebbe	V	Samakaab

Baaddiyaha ad caayaysid baa bilici joogtaaye,
Isagay barwaaqadu ka iman beledka taallaaye,
Badowna waa adduunyada midkaan wax u baxsoonayne

CALI IYO LIIBAAN -Gabay 37-

Waxaa tiriyey gabaygaan Cismaan Keenadiid

Cali- Wuxuu jilayaa wiil reer magaal ahoo dhaqan magaalo wanaaggiisu u muuqdo.

Waa **Kaftandhablihii** Cismaan. Cali wuxuu ka curiyey iskugeyn gabay 33 beyd -B-. Eedaha Cali uu soo jeedinayo waxaa ka mid ah dhaqankii hore oo ku salaysnaa: xoolilii la kala dhacayey, dagaalkii miyiga ka dhici jirey iyo iskuulo la'aantii miyiga.
Cali wuxuu ku doodayaa, in qofka magaalada ku nool wax badan og yahay iyo dadkii wada deggan oo darisnimo fiican ka jirto

Liibaan- Oday reer-miyi ah, ayuu ku matalayaa; dadka aan cilmi dhab ah la barayn. Miyiga ay taal wanaag oo dhan.

Gabay 30 beyd -B-.
Liibaan wuxuu ku doodayaa, in dadka magaalada ku nool ay dhegaystaan dicaayadaha beenta ah oo ay runta ka fog yihiin. Wuxuu caddaynayaa, in reer magaalku faan badan yahay oo xornimadoonkiina ay reer miyigu xoojin jireen. Wuxuu tilmaamay, in miyigu yahay halbowlihii magaalada.

Gababy

Cali

1. Nin colaad ku beermaad tahoo beelo soo gubaye
2. Baaddil baad ku soo dhaqantay iyo booli iyo dhiige
3. Raggii dunida soo bi'iyayoo baabba'shaad tahaye

4. Biid kama ogsanid xaal adduun baab kastuu yahaye
5. Badownnimadi baa kugu jirtiyo bahal ahaantiiye
6. Nin ballaaran baad tahay asaan wax u baxsoonayne

7. Asaaggaa bilaash bay noqdeen aan barna aqoone
8. Boobkiyo dhacii ay wadeen laga bogsoonaaye
9. Haddaa la isku baaldaray dadkaad kala bahayseene

10. Barbaartaa wax garanaysa oo barata cayn noole
11. 'Bartiitada' horteed laguma jirin bayddi iyo khayre
12. Waa taa 'bandiiradi' ka mudan beledyadeenniiye

13. Boor nimuu caddilay baad tahaan beden fayoobeyne
14. Buskaan la iska dhawraynnin waa lagu bukoodaaye
15. Barbar iiga durug 'jeermi' baan kaaga baqayaaye.

Liibaan

1. Barna heedhe garanmaysid iyo baab rag lee yahaye
2. Babbaay baad ka soo dheregtey iyo baasto iyo muuse
3. Waxaa kaaga buuxsamey dhegaha beentii raadyaha e

4. Reer-beledka kii maanyar bay badowdu dhaantaaye
5. Baraha diinka waxaa kaala culus buugga gaalada e
6. 'Barobaganda' laydiin dhigaad barasho mooddaane

7. Barbaarta ad ku faaneysid baan biidna garanayne
8. 'Bartiitada' rag baa xoojin jirey badiba waaweyne
9. Basar haddayan ku adkayn intii bil ah ma joogteene

10. Bahal an muuqanayn iyo intaad boor xun igu sheegi
11. Bugto tan ugu weyn iyo adaa baabusiir qaba e
12. Waxa beerku kula dhuubtay waa booraniyo saare.

Cali

1. Nimankiinna baaddiye ku koray bi'ise uunkiiye
2. Beled xaalki uma suubbantaan barannamaysaane
3. Badaawaad tihiin aan haddana laga badbaadeyne

4. Badidood asaaggaa cilmaan uba bilawnayne
5. Basarkaad ku dhaqanteen markaan looma baahnaba e
6. Ka beddelen adduunkaan waxaad beri tiqiinneene

7. Barbaartuna waxay dooni waa baab ad moog tahaye
8. Midba inuu bilaadka anfacuu biimaduu marine
9. Buuggay sitaan bay xigmado kala baxaayaane

10. Adse booliyahan baad ahayd booba xoolaha e
11. Bilaash baad ku weynaataey iyo belo islaameede
12. Kamana ad biskonnine dhicii waw bugtaa weliye

13. Baabusiirka aad sheegi baan biidna dhima hayne
14. 'Bengaasaa' u joogiyo rag wada barafasooraahe
15. Booranihiyo saarkana habraa noo bukhuurshidiye

16. Ba'naantaad ku soo cayshtay baa kuu baxsoon weliye
17. Boggiyo laabta waxaa kuugu jira baaddilnimadiiye
18. Denbaana kaa bataye Eebbahaa sow ka biqimaysid?

Liibaan

1. Baaddiyaha ad caayaysid baa bilici joogtaaye
2. Isagay barwaaqadu ka iman beledka taallaaye
3. Badowna waa adduunyada midkaan wax u baxsoonayne

4. Buugga gaalo mooyee ninkaan barannin diinkeenna
5. Biid inaku tari waa wuxuu bi'iyo mooyaane
6. Waa waxa xornimadii bislayd biimaduu tahaye

7. Dhallinyarada badidood filkii waa ku soo baxaye
8. Qaar baa carruurnimo is bidi beense ay tahaye
9. Barkood kamaba weyniye si bay wax u basraayaane

10. Beri nool gar bay xiirayaan buuxshey camankiiye
11. Makiinado bilaash loo helaa beyd walbaba yaale
12. Barbaar uma ekaadeene waa raggaan bir waayayne

13. Baadari la raacoo sharciga idinka boodsiiya
14. Basarxumada baaddil iyo ceeb lala bareeraayo
15. Boolida waxaad suubbisaan belo ka sii weyne

16. Goortaad bukootana haddaad gaal ku baqanaysid
17. Ama habar bukhuur kaaga dhigin beeyo iyo jaawe
18. Bidci yohow maxaw diiddan tahay barakadii diinka?

Kaftandhable: Liibaan iyo Cali

SHIIKH JAMCAALE IYO WIIL -Gabay 38-

Waxaa tiriyey gabaygaan Cismaan Keenadiid

Wiil- Wiilkaan dhallinyarada ahi wuxuu horummarka la gaaray iyo waxyaalaha bulshadeenna ku cusub. Arrintaas iyo kuwo kale wuxuu u arkayaa inay guul tahay loona baahan yahay in dhinac laga qabsado. Wuxuu shiikha ku dhaliilayaa, in uu ka baxo waxyaalaha iyo qaabka uu wax ku raadibayo oo ah walamaysi.
Kaftandhablaha, Cismaan wuxuu wiilka ka curiyey
gabay 21 beyd -C-

Shiikh Jamcaale- Shiikh Jamcaale wuxuu ka soo horjeedaa raacidda gaalada iyo wiilka inuusan fahamsanayn, xaalku siduu yahay. Arrimaha aad igu cambaaraynaysid waa calaf waddani ah. Wuxuu ku baraarujinayaa in cibaadadu tahay tiirka u baahan in la fuliyo. **Kaflandhablaha**, Cismaan wuxuu ka curiyey Shiikh Jamcaale gabay 24 beyd -C-.

Wiil

1. Caqliga noo kordhiyo awgayow camalka noo muuqday
2. Adduunka citibaaraha la yimid ama cusboonaaday
3. Iyo caadka kaa saaran baan la cajabayaaye

4. Culayskii kutubahaa ku diley caalin saad tahaye
5. Culuumaha casrigu uma baxsana adiyo caynkaaye
6. Carbigana garan maysid iyo luqada caankaahe

7. Caajiskii horaa kugu jiriyo caadaxumadiiye
8. Caraftiyo nadaafada ma baran caafimaadka lehe
9. Waa kaa dharkaagii caddilan calallada ahaaye

10. Canbuulada tacsiyo loo karshaad cuni taqaannaaye
11. Aad laba canlaysaa sharuur cido ku siiyaane
12. Cirridkaaga waxa gooyey waa calalintiisiiye

13. Idinkaa dadkii cayr ka dhigay oo cabiidsadaye
14. Caamadiyo naagaha ayaad wax u curraaftaane
15. Cashar iyo tahliil aad dhigtaad calaf ka eegtaaye

16. Tii aad gabdhaha caashaqdaan waa caqidataane
17. Waxaad ku cabsi gelisaan hablaha caawriyo habaare
18. Coodna dhiibi maysaane waa dad ad cuquunteene

19. Carabtuba sidaad yeeli waa inaku caydaaye
20. Adigaan ciso lahayn intaad calammo taageysid
21. Cilmiga aad u baro jaahilnimo cudur xun weeyaane.

Shiikh

1. Wiil yohow adduun cirib xumaa mana cusboonaane
2. Cudurrada uu lee yahay ninkii caaqilaa garane
3. Codka aad i leedahayna waa kuu carruurnimo e

4. Ilbaxaad cisada moodi baad ku caddilmaysaaye
5. Casrigaad u bogin kaaga daran caamannimadiiye
6. Cilmaad baratid baa kaaga roon carabiyeyntaase

7. Wax cirkaas madow kuu jiraad u cirbataagleyn e
8. Adoo culay jirkaa u eg yahaad Carab ismooddaaye
9. Caaq baad tahaye dhalshadaa waa cad kugu yaale

10. Caadaad ku raacdeen kufriga cadawuddiinka ahe
11. Nin cadceedsadoo Eebbihiis caasi ku ahaaday
12. Waxba cadarku tari maayo iyo carafta geeduuye

13. Canbuuladaad igu sheegin waa calaf islaameede
14. Adiguna caddaankaad khamrada wada cabbaysaane
15. Maxaad igaga caydaa sharuur ceeb adaa qaba e

16. Caafimaadka Eebbaa hayaan cidina moogeyne
17. Isagaa wixii lala cabsado loola cararaaye
18. Cawiyo maalin diinkiisa waa la cuskanayaaye

19. Adiguna waxaad ciirsataa gaal col kuu qaba e
20. ‘Kiniiniga’ aad cuni lama yaqaan caynad uu yahaye
21. Casharkiyo tahliishana ‘oolyadaa’ kaala sii culuse

22. Cibaadaha salaadaha geftiyo camalladii khayre
23. Anse kuma cayaaroo waqtiga caaddilkay faraye
24. Waxba calalladayda ha ka dhugan caalin baan ahaye

Kaftandhable: Shiikh iyo wiili

XALIIMO IYO BEYDDAN -Gabay 39-

Waxaa tiriyey gabaygaan Cismaan Keenadiid

Xaliimo- Gabaygaan waa kaftandhable uu Cismaan tiriyey iyadoo qaab doodeed loo ekaysiiyey. Waxaa laga dhigay Xaliimo gabar ilbax ah oo la doodaysa Beydan oo dhaqankii hore ku taagan.

Xiliimo waxay eed u jeedinaysaa dhaqankii hore oo dumarka u xaglinayn oo dumarku dhibaataysnaayeen, waa aragtida Xaliimo. Gabaygaan kaftandhablaha ah buu Cismaan ka curiyey 21 beyd -X- oo Xaliimo loo asteeyey.

Beydan- Habartaan Beydan waxay ku dheggan tahay dhaqankii hore oo ay u aragto inuu yahay mid suuban.

Dumarku inay tahay inay masarkooda xirtaan oo la ilaasho xilkii. Gabaygaan buu ka curiyey Cismaan waa 21 beyd -X- oo Beydan loo asteeyey.

Gabay:

Xaliimo

1. Xadnaan bay ahayd Beyddanay xaaladdii hore e
2. Xabsigii Allaa nooga turay iyo xijaabkiiye
3. Xornimada sidii loo dhexgalay xeer kalaa yimide

4. Xurmo ma laha naagaha guryaha ku xayirraadaaye
5. Inay xoogsadaan iyo kasbigu ma aha xaaraane
6. Xirfo un bawga roon meel inay ku xujurraadaane

7. Idinkuba magaalada la xuli kama xishootaane
8. Xaggii la arko waa tuban tihiin xaafad iyo suuqe
9. Xarafkaannu dhiganaynno baad naga xasdeysaane

10. Xaas meel yoxoobaad tihiin aan xisaab geline
11. Xaajadaydin barateeni waa xaarin iyo dhiile
12. Xargo ad soohateen baad tebbedo ku xirxiraysaane

13. Dumar aan xashaashnimo aqoon xiso laga waaye
14. Haddii ayan is xaalayna hayn xoore nimankiiye
15. Mana xusuusana hayaan middaan u xarragoonayne

16. Xigmadaha adduun ka qadde xaashi iyo buuge
17. Xoogaana kama fiirisaan xukunka diineede
18. Xayawaan sidiisaad tihiin xoolohoo kale e

19. Qof xirgi lihi waa inuu wixi xaqa u daalaaye
20. Waddankeenna la xumaynayaan u xarbiyaynnaaye
21. Xanta idinna sida saa habraan xil iska dhawrayne

Beydan

1. Xirgi midaan Ilaah siinnin baad tahay Xaliimoy e
2. Xijaab li'ida kaa muuqataad ku xamdiyeysaaye
3. Xornimada waxaad mooddey waa xil iyo ceebaale

4. Xaaraani waa inaad ajnebi u xarragootaaye
5. Xaddiiskiyo Quraankayna faray inaan xishoonnaaye
6. Malaha xaal gadaalkood dhashaad xaq u taqaanniine

7. Xaashida muraad lagu watiyo xeeladaa jira e
8. Xigmad dowladeed iyo cilmiga ma xajineysaane
9. Xiskuna ma oggolaan karo inaad xaakin noqotaane

10. Xannaanadatan gurigaan u ahay xilo islaameede
11. Xaasnimo ma diiddani haddaad igu xifaalayne
12. Xaarin aan toshaa iiga roon niman xafiiskoode

13. Xaraar kuma gashaan iyo colaad ama xadaafiire
14. Xarbi waydinnaanba u helayn xoog iyo itaale
15. Xirfo an tiin ahayn waa waxaad la xurmabbeesheene

16. Ragga waxa xaraaradda ku kicin xabadka naaskaahe
17. Xubin weeye barakaysan oo xiiso loo qabo e
18. Haddaan laga xafidin waa niyaddu inay xumaataaye

19. Saad u xadgudbeysaani waa nagu xanuun weyne
20. Xeerkaan lahayn iyo sharciga hayska xoorina e
21. Haddii kale xaqiiqsada inaan xani yaraanaynnin.

CADAR IYO MAXAMED -Gabay 40-

Waxaa tiriyey gabaygaan Cismaan Keenadiid

Carad- Gabay **kaftandhable** ah oo dhexmaray Cadar oo ah gabar ilbaxday iyo Maxamed oo ah wiil u baqaya xaaladda ady gabdhuhu ku jiraan. Cadar hadalkeedu wuxuu u jeedaa, in wixii hore aan lagu sii dhaqmin oo ilbaxnimadaan timid lala qabsado. Gaar ahaan gabdhuhu dhib bey la kulmi jireen ee dib ha noogu celinnina. Gabayga Cismaan u asteeyey Cadar waa 18 beyd -W-.
Maxamed- Wiilkaan Maxamed wuxuu aragtidiisu tahay, in gabdhuhu ay ku ekaadaan xaaladdoodii hore oo aysan wax weyn ka tarahayn. Xaalka ay hadda ku jiraan ay waali ka qaadayaan ee waxba soo kordhinayn. Waa xaaladdii uu waddanku ku sugnaa xilligaas dowladnimada bilowgeedii. Gabayga uu Cismaan ka curiyey waa 18 beyd -W-.

Cadar

1. Waxyaalaha la wado dowladnimo waa ka weyn tahaye
2. Haddaan la is walaalaysanayn wacadki beenaaye
3. Nimankaa waswaas iyo qalbiga wax uga buuxaane

4. Wanaag baannu ka qabnaa raggaas waaliyaalka ahe
5. Wejina waa ku lee nahay annagu wadar ahaantoode
6. Xafiisyada la wada waasan yahay nagama waabshaane

7. Waxdheef buu noqdoo shuqulka waa loo werfa hayaaye
8. Maantii warkiis soo galoo loo warqado goosan
9. 'Waardiyaha' wayska ag marnaa namana weecshaane

10. Idinkaa walaac idin hayaa oo wareer qaba e
11. Waddadiyo jidkaad tuban tihiin waa beryiyo leyle
12. Weydnimiyo baahay u dhiman wabarradiinniiye

13. Saacaa wareegaye ninnimo waafi waa tahaye
14. Haddiise inani wax'aqoon tahoo waajibkeed gudato
15. Inaan wiilku ka horraynnin baa la isku waafaqaye

16. Nabsaa idin waddarey jeer haddaad naga wacnaydeene
17. Qajeel baad ku wadateen haweeen waxaydin doontaane
18. Waqtaa idin hayee Maxamedow wahanka aashiinna.

Maxamed

1. Libaaxaba wahsaa qaban hadduu waayo dhuuniga e
2. Inkastuu waxtar ahaa kolkuu weyd la kici waayo
3. Waraabihiyo wayska horwadaan weerka gaabaniye

4. Idinkana waqtigu weydin hodey wadar ahaantiine
5. In wareer ku dhacay loo malee weliba qaarkiine
6. Waallaad ka doorteen xilkaad weheshanayseene

7. Waxba kama gashaan dowladnimo wadina maysaane
8. Waayahakan hawsha leh rag baydiin wakiillo ahe
9. Waa idinka waayeeshan yahay wiilka noo yariye

10. Wejigaad hesheen iyo xurmada la idin weyneeyey
11. Xafiisyada ad walam leedihiin ee annagu weynney
12. Wanaag kuma jiree waa ummuur laga waswaasaaye

13. Wiyeerkiyo xareeddaa lo'dana laga waraabshaaye
14. Webay ka cukanaatiyo hadday waraha soo nuugto
15. Inay waa ku qadi bay kolkay wabaxdo mooddaaye

16. Idinkuna wax yara baad u fili xaajo waafiya e
17. Hadba meel an idin waafaqayn haysku waabina e
18. Wax walbana u fiirsada adduun war uma haysaane

Magaal

Miyi

JUSEBBE IYO SAMAKAAB -Gabay 41-

Waxaa tiriyey gabaygaan Cismaan Keenadiid

Jusebbe- Kaftandhablahaa wuxuu u dhexeeyaa Jusebbe (Giuseppe) oo nin Talyaani ah iyo Samakaab oo nin Soomaali ah. Ninkaan Talyaaniga ah wuxuu ku andacoonayaa, in Soomaalidu ay dhibaato ku jirtay oo ay u keentay aqoon xumo. Talyaaniguna uu wax baray oo jaahilnimadii ka saaray dawladna ka dhigay. SYL ay dowlad noqotay iyadoo dad Soomaali ahi aysan ku qanacsanayn. Talyaaniga oo mahadnaq laga waayey. Gabaygaan buu Cismaan ka tiriyey isagoo u astaynaya nin Talyaani ah, waa 18 beyd -M-.

Samakaab- Ninkaan Soomaaliga ah ee Samakaab ah wuxuu sheegayaa, in Talyaanigu weli ku dhex jiro dowladnimada Soomaalida, isagoo weli guranaya khayraadka waddanka. Samakaab kuma qanacsana Talyaaniga iyo taageerada ay siiyaan dawladda Soomaalida. Samakaab kama bixinayo mahadnad taageerada Talyaaniga. Gabaygaan buu Cismaan ka tiriyey isagoo u astaynaya Samakaab, waa 18 beyd -M-.

JUSEBBE

1. Mustareexday Soomaaliyay waadse moog tahaye
2. Muquuniyo Rabbay idiinka turay magan ahaantiiye
3. Maantaad manaafac aad cuntiyo magacba haysaaye

4. Talyaanigu mulkigii dowladnimo idin mihiibsiiye
5. Inuu midigta tiinna ah ku ridey maqalyey uunkiiye
6. Idinkaa maxkamaddii fadhiya meel la joogoba e

7. Majliskana raggaa ka hadlin waa madax aad geyseene
8. Mushaarada la siiyaana waa maal an fududayne
9. Waa taa moodharrada lagu wadaa maalin iyo leyle

10. Ismaandhaafiddii laga baxyoo la is macne aqooye
11. Nimankii magliga noo sitoo maylliimmada haystey
12. Maqsuud bay noqdeen 'Leegadii' muranka waallayde

13. Nin madoobi weligiisba waa maan yaraan jiraye
14. Inkastaan maqaan kuu sallaxay ama ku maamuusay
15. Amaan 'ministar' kuu qoray barkiin lama macaanaane

16. Haddii aad mardabo iyo xumaan iga malaynaysey
17. Asii aan muraadkaad lahayd magane kuu dhiibey
18. Igu mahadi waataan ahaa macallinkaagiiye.

Samakaab

1. Talyaaniyow martabo dowladnimo nama mihiibsiine
2. Maaweelin baad nagu waddaa aan macne lahayne
3. Siyaaso ad markii hore geftaa maanta kuu socone

4. Mulkigii adaa haysta iyo maal hadduu jiraye
5. Intaad meel waxdhigataad xafiis maran i taagtaaye
6. Maamuus ma haystee waxaan nahay maqaarsaare

7. Majliska ad samaysiyo raggaad moodharrada siisay
8. Mushaawiro ad soo goysey baad miisadduu dhigiye
9. Muraad uma qumaayee aday kuu midiidimiye

10. Waxba 'ministar' hay siinnin iyo magcayo waaweyne
11. Magrigaad waddiyo eedahaad madaxa ii saartay
12. Iyo meelahaad iga qushayn waa ku maangarane

13. Nin hadduu madow yahay dadnimo kuma malaysaane
14. Murtidi siima dhugataan haddaad midabka eegtaane
15. Macnahaas dugaaggoo kalaad weligi mooddaane

16. Soomaali mowd kala dilaad haatan maamuline
17. Haddaad macallinbaasow laqdabo igula meereysid
18. Oo adan miciin ii geleyn mahad miyaa joogta?!

SAMAKAAB IYO JUSEBBE: Wuxuu gabaygoodu ku saabsan yahay Maamulkiik u meelgaarka ahaa. Dhammaadkii Dagaalkii Labaad ee Adduunka, 1950kii, Qaramada Midoobay waxay Dowladda Talyaaniga u wakiishatay Hay'adda Trusteeship of Somalia (AFIS), iyadoo ujeeddadu ahayd inay la socdaan, lagana taageero dalka hannaanka loo abuurayo oo saldhig u noqonaya dhanka siyaasadeed, bulsho iyo dhaqaale, kadibna ay hanataan soomaalidu madaxbanaanida Qaranka Soomaaliyeed. Doorashadii 1959kii iyo ansixintii Dastuurka, Jamhuuriyaddii ugu horreysay ee Soomaaliya waxay dhalatay July 1960kii.

CISMAAN KEENADIID IYO XASAN-KHARAAB -Gabay 42-

Waa geerro kaftan toos ah kuwaasoo dhex maray Cismaan iyo saaxiibkiis Xasan. Cismaan baa bilaabay maansooyinka isagoo Xasan ka dalbanaya 5 arrimood oo tuhun uga jiro inuu Xasan u qeexo. Geeraaradaan la is dhaafsaday Cismaan wuxuu tiriyey 75 beyd -T-, Xasan wuxuu tiriyey 30 beyd. 105 beyd -T- weeye isku geynta geeaaradaan. Cismaan iyo Xasan Maxamuud Dhunkaal (Xasan Kharaab) waxay ahaayeen niman aad saaxiib u ah oo si gaar ah uga dooda arrimaha waddanka ka jirej.

1. Talyaani oo lixdanka (**1960)** tegi doona, maxaa afkiisa c arruurta Soomaalida loo barayaa?

2. 'Leegadana' aynnu ku taxnaanno, toltolna aynnu wadno, islaynno, maxay ku noqotay?

3. Maxaa Dowladdeennu denbileyaasha u taaban kari, dadka aan wax dhiminna u xirxirno?

4. Maxaa diintii looga tegey oo qaanuunkii gaalada loo raacay?

5. Maxaa madaxdeenna xaqii iyo tusmadii ka leexiyey?

Jawaabta Xasan: Wuxuu sheegay, inuu ka tiiraansan yahay xaaladda Soomaalidu ku sugan tahay iyo qaab hoggaameedkeeda, oo sidaas darteen uusan doonayn inuu ka gabyo. Cismaan wuxuu ku celiyey hadalkii oo kama garowsan hadalkaas. Wuxuu ku dhiirigalinayaa inuu Xasan arrimahaas ka hadlo oo wixii jira sheego. Wixii dhici lahaa ha dheceene. Xasan wuxuu sheegay haddii uu hadlo inuu khatar gali karo oo xabsi gali karo sidaas darted uu aamuska dan biday.

Cismaan

1. Xasanow shan tixood oo
2. Ta'da aan ku abbaaray
3. Baan kuu tilmaamayaaye
4. Bal ma kuu tiriyaa?
5. Adse ways tab naqaane
6. Hawraartaan ku tiraabiyo
7. Meelahaan wax ka taabtay
8. Ta'wiishooda shisheeto
9. May tafsiiri kartaa?
10. Talyaani xaalki dhammaayo
11. Lixdankuu tegayaa oo
12. Tacalluq nooguma laabnee
13. Aan afkiisa tacliinnoo
14. Carruuraha ku tallaallo
15. Waa tabaalo is diiddan
16. Waana taakh kala fog oo
17. Tuhun baan ka qabaa.
18. Leegadaan ku tabcaynneyo
19. Taariikhdeedu fogeyd
20. Iyadii aan ku taxnaanno
21. Toltolna aynnu ahaanno
22. Ragga qaar ha la toogto
23. Toorrey kii la marshana
24. Tiraab yuu ka danbayn
25. Tuhun baan ka qabaa.
26. Dowladuhu tix la qaadiyo
27. Tastuur bay ku dhaqmaan
28. Teennuse maaha sidaas
29. Nin qaynuun ka tallaabayoo
30. Tacaddi weyn ku kacaayoo
31. Xukuumo taabana hayn
32. Mid kaloo tif dhimayn oo
33. Iska taagan dariiqa
34. In tunkaa la qabtoo
35. Lagu tuuro xabsina
36. Tuhun baan ka qabaa.

37. Toolmoone diinkayagii
38. Tuxfeyaalka axkaanta
39. Rag inuu tirtiraayoo
40. Tashi weyn laga goostay oo
41. Juudijihii na taxaabtayoo
42. Taftar gaalo dhigtay
43. Tenbigii laga doortay
44. Dadkiina taabac noqday
45. Tiiraanyo ayan ka hayn
46. Tuhun baan ka qabaa.

47. Waayeello isu tegaayoo
48. Talo meel u fariistay
49. Asii aan tusmadii iyo
50. Tii lillaahi ahayd iyo
51. Xaqa taabana hayn oo
52. Ku tallaabsanaya
53. Tabuu uunku la yaabiyo
54. Tub qallocan ku joogoo
55. Waxba toosina hayn
56. Waxa saas ku taqdiirayoo
57. Tawfiiqdiina u diidey
58. Tuhun baan ka qabaa.

Xasan

1. Cismaanow nin tabcaan ah
2. Fahmadii ka tagtay oo
3. Soomaali tay ku dhaqmaysiyo
4. Tabta aynnu arkaynno
5. Tiiraanyo weyni ka hayso
6. Tixda aad marineysid
7. Ma wuu taag u hayaayoo
8. Kuu tafsiiri kara?!
9. Shantase aad tirisay
10. Adaa toosiyey haatanoo
11. Teminkeedii dhammeeyey
12. Maxaad iigu tilmaami?

Cismaan

1. Xasanow tiro dheer iyo
2. Toddobaatan nin gaarey
3. Tabar uu ku ordiyo
4. Taag weynoo wax ku riixiyo
5. Tahli waayey midna
6. Isagaan tawsiba hayn
7. Habeenkii iska taahin
8. Tabaalahakan adduunkana
9. Temminkiis hor u qaatay
10. Tawal uu cabsadaa
11. Tarimaayo waxba e
12. Taariikh uu iska reebiyo
13. Talo uu rag ku biirsho
14. Taa uun baa la gudboone
15. Ilaahaa tawakal oo
16. Rabbi baa kugu toosane
17. Maad tiraahdid runta?

Xasan

1. Cismanow tabta joogtiyo
2. Uummiyaakan la togtiyo
3. Sida tiirrida gaalo
4. Turaal suu u dhintay
5. Taa uun baan arkayaa
6. Haddii aan wax tirsho
7. Haddii la i la tegaayo
8. Xabbiska la isku taxaabina
9. Tabar aanan u hayn
10. Inaan tay ku ekaado
11. Tusbaxayga wataa
12. Taladaydu ahayd;
13. Axadkii la tuhmo
14. Ama haatan tiraaba
15. Tii asaaggi heshay baa
16. Isna meesha u taal e
17. Waxaanan taag u hayn
18. Maxaad iigu tahbiibi?

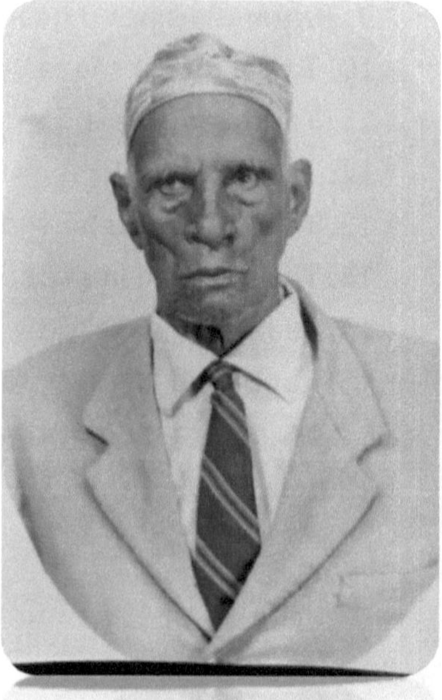

Xasan Maxamuud Dhulkaal (Xassan-Kharaab)

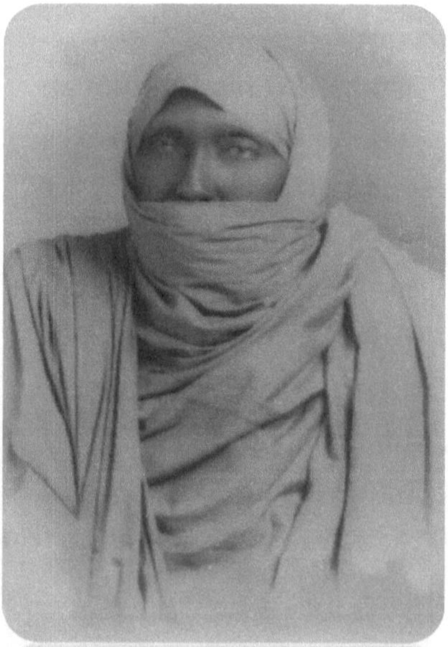

Cismaan Yuusuf Keenadiid

Gabayo iyo geeraar

Mudug iyo Gaalkacyo

- **Nolosha Miyiga**
- **Nolosha Magaalada**

Gurboodkaa yaryara aan lahayn weli garaad buuran
Kuma geli karaayaan dhulkaa mabana gaaraane
Gabannada carruurta ah dartood uguma guuraayo;

Naa'ibkii Gaalkayo: Axmed Yuusuf Wacays

Gaalkacyo

Qalcaddii Gaalkacyo xilligii Naa'ib Axmed Danla'aan 1910.

UGU MA GUURAAYO -Gabay 43-

Cismaan Keenadiid deegaankiisu wuxuu ahaa magaalada iyo miygaba ee Gobolka Mudug. Magaalooyinka uu deganaa waxaa ka mid ah Hobyo, Ceelhoor, Xarardheere, Gaalkacyo iyo Xamar. Talyaanigu qabsaday inta badan ee Somaliya. Cismaan ma jeclayn inuu ka fogaado magaalad. Wuxuu ku soo koray oo la dhaqmay dadka Soomaaliyeed ee ku nool Gobolka Mudug, gaar ahaan markuu dhallinyadara ahaa. Gabaygaan -G- 48 beyd. Xaaji Huseen Axmed Yuusuf wuxuu ahaa macallinkii carruurta Cismaan quraanka soo baray. Markii Saldanadii Hobyo ee gobolkii Mudug iyo guud ahaan Soomaaliya uu Talyaanigu la wareegay maamulkiisa, ayuu Xaaji Xuseen kula taliyey Cismaan inuu dhulka hawdka u soo guuro. Xaajigu wuxuu Cismaan ku wargaliyey, in hawdka dad badan yimaadeen oo dhulka Cismaan joogo ka soo hayaamay. Cismaan taladaas Xaaji Xuseen kuma qancin oo 12 sababood buu sheegay inuusan ugu guuri karin dhulkaas hawdka. Gabaygaan "Uguma Guuraayo" buu Cismaan ka tiriyey.

1. Geftey marakan Xaajow tashiga garashadiisiiye
2. Inaan guri Waqooyi u kacnaad noogu gaardiyiye
3. Guubaabadii badatay iyo gabayadaadiiye

4. Godbiyo malaha Hawd baad rabtaa inaad na geysaaye
5. Dhulkaadse gaara leedahay ciddana ugu gelliimeysid
6. Labiyo toban hal oo wada gartaya ugu ma guuraayo;

7. Geeddiga aroortii walbiyo galab-carrawtiin ah
8. Oo aan gelin negaansho ah lahayn goor iyo ayaanna
9. Anaa gaabintayda ogsan oo uguma guuraayo;

10. Ceel baa gargaar lehe haddaan lagaba gaareynnin
11. Dhaanka guuliiddisiyo biyaha gaasirnimadooda
12. Iyo salaadda anan goyn karayn uguma guuraayo;

13. Go'yaal duug ah ruuxii qabaa gob u ekaan waaye
14. Gun bay kaa dhigaan calalladii kugu gaboobaaye
15. Arradaan Guullahay igu jirrabin uguma guuraayo;

16. Guri gudihi meel ilixiroo gogoshu kuu taallo
17. Ayaa lagu gam'aa oo hurdadu kaaga soo go'iye
18. Gabbaad xumada ay wada qabaan uguma guuraayo;

19. Gu iyo dayrba meel omos ahoo lagu go'doomaayo
20. Hadba gebi ka duul iyo qafrada guul uma aqaane
21. Inay aadba gole hawlkar tahay uguma guuraayo;

22. Adduunyadu kolkay guran tahoo la iska gaajoodo
23. Uu gacal heloo Reer-miyiga gubayo jiilaalku
24. Magaalada an laga gaari karin uguma guuraayo;

25. Gaadiidsiga abaaraad kolkay gaban noqdaan caano
26. Amase ay ku gaafootamaan gowricii ariga
27. Geeridiyo macaluusha taal uguma guuraayo;

28. Dadka gabalki ceeb iyo denbuu galabsanayaaye
29. Giyiga Eebbahay aniga waa ii gudboon yahaye
30. Gallad inaan midkaygaan ku qabo uguma guuraayo;

31. Gadaal siima noqon aadnigaan gacaladiisiiye
32. Goortuu ixsaan gaabtay baan gees cidlaa degaye
33. Inaan goonidayda iska rabo uguma guuraayo:

34. Garansooni oo beledku waa noo gargaarsimo e
35. Isagaannu geynnaa wixii ganac ah maantaase
36. Gelin keliya kama maarannoo uguma guuraayo;

37. Gurboodkaa yaryara aan lahayn weli garaad buuran
38. Kuma geli karaayaan dhulkaa mabana gaaraane
39. Gabannada carruurta ah dartood uguma guuraayo;

40. Godin loo afaystiyo hangool oodda lagu gooyo
41. Geedaha la soo jara hayee guridda kaa dhawrin
42. Guri iyo aryawgaba xeryaha lagu gadaamaayo

43. Xoolahakan kala gooniyee gabalba meel aadi
44. Baadida goobiddeediyo kuwii goosmay celintooda
45. Giddi maalintaas waa sidii guluf u taagnow e

46. Gabbal dhiciyo waagii beryiyo goor walbaba hawl ah
47. Ninkii gaban ahaantii bartaa gala ammuurtaase
48. Inanan xaaladdaas garanba hayn uguma guuraayo.

Reer degey oo aqalkoodii dhisaya.

XAALKAREER - MUDUG -Gabay 44-

Gabaygaan waa tusaale guud ee hab dhaqanka Soomaalida, oo u baahan in laga tago dhaqankaas aan fiicnayn. Maadaama uu xilligaas ku noolaa Cismaan Gobolka Mudug, ayuu tilmaamayaa arrimo yaab leh oo dadku ku dhaqmo. Wuxuu ku halqabsanayaa wiil uu dhalay, **Maxamed Cismaan Keenadiid**.
Waa gabay -X- 21 beyd.
Waxyaalaha uu ka digayo:

- Diindarro
- Sharci la'aan
- Xurmodarro
- xaasidnimo,
- xishooddarro,
- xaaraan cun iyo iwm,

1. Xayow Maxamedow laga waswaas xaalka Reer Muduge
2. Waa meelaan la xusuusanayn xaajo aakhiro e
3. Waa meel xasarad foolxun iyo xumo ku beermeene;

4. Waa meel xakaamadda sharciga la xaqiraayaaye
5. Waa meel an la xushmada hayn xaaji iyo shiikhe
6. Waa meel an seeddi xurmo weyn la xarragaynayne;

7. Waa meel xabiib wada dhashiyo xididba eedeene
8. Waa meel xigaal kaa tihiin xaasid kuu noqone
9. Waa meel xiriirkii tolnimo xarigga loo goyne;

10. Waa meel xilkii laga tegaan laga xishoonayne
11. Waa meel xaqiiqaba dhuntaan xaqa la sheegeyne
12. Waa meel xaaraantu tahay sida xalaaleede;

13. Waa meel xadgudub joogo iyo xilafur beenaade
14. Waa meel xurquundoon u yahy kii xashaash ahiye
15. Waa meel xifaalo iyo denbi iyo xani ka buuxdaaye;

16. Waa meeluu xeelaysan lacag xaakin kii ahiye
17. Waa meel xirfaba laga dhigtaa xeelad iyo ceebe
18. Waa meel ninkii xoog yaraa xadan ku joogaaye;

19. Waa meel xaraash iyo dhac iyo xoogsi la hayaaye
20. Waa meel xayaatiyo dadnimo ka xadfanaadeene
21. Waa meel midkaad xor u tiqiin xabash ka liitaaye;

Gaalkacyo 1927
Somalia

CoLKII IDINKU DHACAY -Gabay 45-

Gabaygaan jawaab uu Cismaan Yuusuf ka bixiyey dhacdooyinka gobolka Mudug ka dhacayey mid ka mid ah. Cismaan wuxuu la hadlayaa Xasan Cali Maxamuud oo laba dhalin yaro ah oo mid Xasan dhalay iyo mid uu adeer u ahaa lagu dhibaateeyey gobolka Mudug.

Waa gabay 20 beyd -C-.

1. Xasanow colkii idinku dhacay la cajab uunkiiye
2. Carraa'igana wada saabay oo caam warkiis noqoye
3. Cadaawo aadan filanaynin waa cawro iyo yaabe
4. Caamadu ma fiirshaan ummuur cirib danbeedkeede,

5. Citibaarta sebenkaana ninkii caalimaa garane
6. Calaamooyinkaa dhacahayuu ku cilmi qaataaye
7. Ninbanase waa kasoo caad baxaa cudur ku duugnaaye
8. Camcamooyinkaan meel fog baa la cuskinaayaaye,

9. Ha calool nuglaan waa rag iyo camaladiisiiye
10. Caynaano deris kuuma taal ceelashaan Muduge
11. Dalkana caadadiisayan ahayn xidid cisayntiise
12. Cudud nimaan lahayn bay sidiis kugu cuquumeene,

13. Caqligiina siin waa inaad reer Cismaan tahaye
14. Carruurta iyo waayeelku waa kaa isugu cayne
15. Cirroolaha macnihi kuu bax iyo curaddadoodiiye
16. Raggii celin lahaa baan ku jirin ceeb ninkii wada e,

17. Ciriiruu ku dhacay reerihii culumadaahaaye
18. Ceelkay qoteen waa inay ka cabbi waayeene
19. Haddaan dowlad caaddilah la helin caafimaad dhimaye
20. Nin un caaqa mooyee in laga cararo weeyaane,

GAALKACYAAN KU BARTAY -Geeraar 46-

Geeraar ku saabsan agga Gaalkacyo. Gabay -B- 14 beyd ah.

1. Nimaad beyga lo'aad iyo
2. Baarweynta geela u dhiibteyoo
3. Bullaale heense u saartayoo
4. Haddana beydka dhexdiisa
5. Ku barbaarisay waayo oo
6. Barwaaqo aad tustid mooyee
7. Aadan beesadna yeelin
8. Haddana kaa iska buusinoo
9. Bedenka kaala collaysan
10. In abaal bixi waayey oo
11. Beddelkiis la heleyn oo
12. Bilaash uu haatan noqday
13. Baabkaasaa u daliil ahoo
14. Gaalkacyaan ku bartay.

Waa xilligii gumaysiga Talyaaniga 1935 oo calankiisu ka taagnaa Magaalada Galkacyo

DUMARKA

Gabayo iyo Jiifto

Tusaalooyin:

- **Dabeecadaha raggu jecel yahay**
- **Ka qaybgalka siyaasadda**
- **Ka qaybgalka waxbarashada**

Wareeggaa ku ceeb ahe hadday weligi diideyso
Waddankeeda loo haray hadday weer u xiranayso
Maxaa wiilku dheer yahay hadday wadato hawsheeda?!

GABDHAHA ILMO CISMAAN KEENADIID

Faadumo Cismaan Keenadiid AUN

Xaliimo Cismaan Keenadiid AUN

JAADADKA NAAGAHA -Gabay 47-

Gabaygaan wuxuu tusaale u yahay raggu waxay jeclaan lahaayeen, anse la helayn, waa gabay -J- 30 beyd.

1. Jaadadkoodu waa badan yihiin jamaca naagoode
2. Raggu johoradduu yahy middii jaahilaan garane
3. Jidkaan sheegayaa laga gartaa tii inoo jabane

4. Waa inay jacayl iyo kalgacal kugula joogtaaye
5. Waa inuu jiraayoo qalbiga jeelku ka hayaaye
6. Waa inay jaguug lama rabee jilicsanaataaye

7. Waa inay jiriibbamidda iyo jaaxid ka hartaaye
8. Waa inayan sina kuu jactadin kuna jurxaynayne
9. Waa inay jawaabkay tiraa jimic u yeeshaaye

10. Waa inay la soo jeensataa jaah san iyo laabe
11. Waa inuu is jeeqaaqayaa jiirka kiin ahiye
12. Waa inay jinaadkaa tihiyo jeex naftaada ahe

13. Waa inaan jinnigu duufsan iyo hadalka jaasuuse
14. Waa inayan jaanteeda geyn jago an fiicnayne
15. Waa inay ka jigataa waqeed jidadka ceebeede

16. Waa inay jarreerada la tari jeerba gocotaaye
17. Waa inay ku jeeddaa xilkiyo jahada maamuuse
18. Waa inayan jaaseysaneyn jeedal iyo lane

19. Waa inayan joogaha axdiga jebin abiidkeede
20. Waa inayan soo jiidaneyn jaa'ifiyo hawle
21. Waa inayan jaaraanka iyo jees wax buu dhimine

22. Waa inay dad jamaciis ka tahay jaalle kaa xiga e
23. Waa inay jilkii daacadnimo kugu jalleecdaaye
24. Waa inay jirkaagiyo wixii jira malaysaaye

25. Waa inayan kaa jiijanayn kulana jiiftaaye
26. Waa inay jamaad iyo xubbi iyo jamasho haysaaye
27. Waa inay janaan suu ku dhacay kugu jidbootaaye

28. Waa inay isaga jaadan tahay saad jeclaataba e
29. Wa inayan juuq oran kolkaad ereyo jeexsiine
30. Waa inay suldaan jaa'iriyo janan ku mooddaaye

DUMARKII GAREEDKA -Geeraar 48-

Waxaa jirtay mar ay isku dheceen dumarkii xisbiga -Greater Somalia League- gareedka iyo askarta dowladda oo ay dagaalameen. Waa gabay gaaban oo dhacdadaas ka waramaya. Waa jiifto -D- 10 beyd.

1. Dumarkii Gareedkiyo Dowladdii islaayee
2. Dubaaqooyin xoogliyo daqarrayska gaaraye
3. Inamaha dagaalkooda dadkoo dhani la yaabyaye
4. Dableydii u timid iyo askartii darbeeyee
5. Inkastoo sun lagu daadshey loo daaqo waayaye

6. In haween dadaal wado duniduba ogaataye
7. Waddankooda door iyo dalkoodii xusuustee
8. Rag bayse daafacaayaan duul moodi maynnine
9. Wixii lala damcaayiyo dulli qaadan waaye e
10. Ilaahay ha darajeeyo diinkii u hiishe e

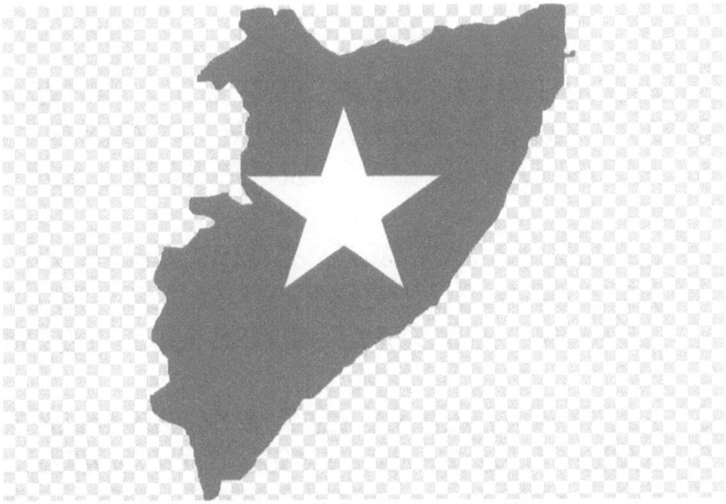

The Greater Somalia League (GSL)

GABADHA MAXAA WIILKU DHEER YAHAY? -Gabay 49-

Gabaygaan wuxuu tilmaamayaa xuquuqda gabadhu leedahay. Inay gabadhu ay ilaashato aqoonteeda diineed iyo tan adduun. Markaas aan gabarnimo lagu takoori karin. Waa xusuusin.

Waa gabay -W- 9 beyd.

1. Hadday inani waagii beryaba wax u eg yeeleyso
2. Inteenna u walaaliyo hadday waalidka xurmayso
3. Wacdiga loo dhigaayiyo hadday waanada adkayso

4. Wanaaggiyo nadaafadda hadday weheshi moodeyso
5. Wargeyska iyo raadiyaha hadday wada aqoonayso
6. warqaadda iyo buugta hadday wadar u eegeyso

7. Wareeggaa ku ceeb ahe hadday weligi diideyso
8. Waddankeeda loo haray hadday weer u xiranayso
9. Maxaa wiilku dheer yahay hadday wadato hawsheeda?!

S. ᏋSOOSᏋ 9ᏋSᏋ9 ᏂᏋᏂᏋ ᎽᏝ7ᏋSᎽS ᏂSᏁ Ꮧ ᏝᏂ ᏋUᏁSᏋᏘᏂ
Ᏽ. 9ᏋᏖUᏋᏋS Ꮧ ᏂSᏁᏋᏁ9ᏋᏂ ᏋSOOSᏋ ᏂᏋᏁ9OᏂSᏁᏗ7ᏗSᏋᏘᏂ
h. ᏂSᎽO9ᏂS ᏁᏗ Ꮭ9ᏂᏋᏋ9ᏋᏂ ᏋSOOSᏋ ᏂᏋᏋSOS SOᏂSᏋᏘᏂ

Ꮄ. ᏂSᏋᏋᏂᏂ9ᏋᏂ ᏋSOᏋᏖSOOS ᏋSOOSᏋ ᏂᏝᏋᏝᏋ9 ᏗᏗOSᏋᏘᏂ
Ᏻ. ᏂS7ᏂᏝᏋᏘᏂ9ᏋᏂ 7ᏋO9ᏋSᏋS ᏋSOOSᏋ ᏂSOS SᏋᏗᏋSᏋᏘᏂ
Ч. ᏂS7ᏋᏋOOS 9ᏋᏂ ᎽᏂᏂᏖS ᏋSOOSᏋ ᏂSOS7 Ꮧ UᏂSᏋᏘᏂ

Ͻ. ᏂS7UᏂᏂᏋ ᏂᏗ ᎽUᎽ SᏋᏝ ᏋSOOSᏋ ᏂᏝᏁ9Ꮒ9 OᏋOSᏋᏘᏂ
C. ᏂSOOSᏋᏂUOS ᏁᏗ ᏋS7SᏋ ᏋSOOSᏋ ᏂÜ7 Ꮧ Ꮑ97SᏋSᏋᏘᏂ
U. ᏗSIᏋ ᏂᏋᏁᏂᏗ ᏝU7 ᏋSᏋSᏋ ᏋSOOSᏋ ᏂSOSᏖᏂ ᏋSᏝUOS?!

QOF QOF G A A R AH: Gabayo

- **Cabdirisaaq Xaaji Xuseen**
- **Maxamed Abshir**

Cabdirisaaq Xaaji Xuseen Xasan
Duubiga hore ee Hodawladdii Somalia 14 June 1964 – 15 July 1967

Sarreeye Gaas Maxamed Abshir Muuse
Muddo 10 sano ah ayuu ahaa Taliyaha booliska iyo Daraawiishta 1958 – 1969

CABDIRASAAQ XAAJI XUSEEN -Gabay 50-

Waa gabay -X- 15 beyd oo Cismaan ku tilmaamayo Cabdirisaaq Xaaji Xuseen, xilliyadii uu ka shaqaynayey xisbiga SYL iyo xilligii uu xukuumadda soo dhisay. Wuxuu xusayaa, inuu Xaaji Xuseen uu si fiican u yiqiin ahaana oday wax garad ah codkarna ah. Iyo inuu Cabdirisaaq codkarnimada uu ka raacay aabihiis.

1. Waxaa Ina Xuseen lagu yaqaan labo xiniinyoode
2. Xag loo dayaba waa ku habban yahay dowlad xukunkeede
3. Maxaa laga xasda hayaa dadnimo lagu xaqiiqeeye;

4. Xayinnimada lagu uumay iyo xaal walba aqoonta
5. Xirgiga Eebbe siiyiyo caqliga dhab ugu sii xeel fog
6. Xagashada ha laga daayo waa xaakin la hubaaye;

7. Maantuu xuduudaha khudbada kala xadeynaayo
8. Sidii xaafid diinka ogsan baan xarafna seegeyne
9. Anna waxaan xusuustaa kolkaas Xaajigii dhalaye;

10. Arrin xirantay maantii tashiga xiis ka bixi waayo
11. Xaajada raggeedii markuu soo xasilin waayo
12. Kolkaasuu xumaan lama rabee xaqa yiraahdaaye;

13. Xaraar iyo macaan amar u galay waa xajinayaaye
14. Xushmad waa yaqaan ceebna waa is kala xishoodaaye
15. Ilaahay ha xaafido ninnimo xaarey keligiise.

MAXAMED ABSHIR -Gabay 51-

Gabay -T- 9 beyd. Ujeeddo weyn ee uu xambaarsan yahay waa wada shaqayntii iyo macrifadii ka dhexaysay Cismaan Keenadiid iyo Maxamed Abshir Muuse. Maxamed Abshir oo ahaa taliyaha ciidanka booliska Soomaaliya waagaas iyo Cismaan Keenadiid, waxaa ka dhexeysay wada shaqayn. Mahamed wuxuu ula imaan jirey wixii magac bixin iyo af soomaali ku saabsan oo boolisku u baahan yahay. Cismaan boolis ma ahayn ee si mutadawacnimo ah buu ula shaqayn jirey. Magacbixinta u qaabilsanaa iyo wixii luuqadda Soomaalida looga baahdo.

Maxamed Abshir wuxuu xil iska saaray Cismaan caafimaadkiisa oo aad buu ula dadaali jirey. Cismaan iyo Maxamed Abshir waxay lahaayeen xiriir wanaagsan iyo ixtiraam ka dhexeeey. Cismaan aad buu uga sheekayn jiray xiriirkaaas wanaagsan. Gabaygaan yar buu ka tiriyey.

1. Dadka nimaad tol moodeysid oo tiirriyaa jira e
2. Niman aan tebeyn oo xurmada tuuray baa badane
3. Waxba kaan tarayn iyo nin xumi kuma taseecaane

4. Tabantaabadii Maxamed iyo tuu i soo mariyey
5. Tabihii u geystiyo siduu ii tartiiba hayey
6. Waa toog aan la illaawi karin amase taariikhe

7. Waana xaal tallaaloo ciddiyo taabay reeraha e
8. Tawlka haatan joogiyo intii taran ahaan doonta
9. Tilmaan weeye uu gocon hayaa wiil tagoogihiye.

REER CISMAAN YUUSUF

Gabayo iyo Jiifto

Tusaalooyin:

- **Talooyin**
- **Dabeecadaha Cismaan**

Nin shugriga Ilaah iyo shahaadada qiraan ahay
Nin shuruudda tawxiidku ku shiishayso baan ahay
Nimaan sharacu suu yiri shakiyaynnin baan ahay

Maxamuud Cismaan Keenadiid AUN

DAMAC YEELAN WAA MAXAMEDOW -Gabay 52-

Waa gabay uu ka tiriyey wakhti uu khilaaf soo kala dhexgalay Cismaan iyo afadiisii, Siciido Shirwa, oo Cismaan u dhashay labo wiil iyo gabar. Wuxuu ku halqabsanayaa wiil uu dhalay oo la yiraahdo Maxamed Cismaan Keenadiid. Gabay -D- 36 beyd.

1. Damac yeelan waa Maxamedow dumarka qaarkiise
2. Dudmo iyo khilaaf bay barkood derejo moodaane
3. Dad bay u eg yihiin gabalse waa duunyadoo kale e

4. Denbi kama tagaan iyo waxaan diinta waafiqine
5. Waana laga dabooloo caqliga looma daalicine
6. Demiinnimadu laabtay sidii daabac kaga taale

7. Dacwo iyo xumaan waxaa ka haray duulka naago ahe
8. Door kama dhashoo semen walbaba waa ka sii dariye
9. Daacad lagama eegeyn waxbana dib uma fiirshaane

10. Rag bayna dooriyeen oo u raran daabbad suu yahaye
11. Dullinnimada kii qaayibay dacay ku jiitaane
12. Anse ima duwdaan oo waxaan diidey waa hore e

13. Uurkaygu meeshuu ka dido sooma dego waaye
14. Waxba kuma darsado uunka qaar soo debcaa jira e
15. Dibna lama heshiin karo qofkaan waa dareensado e

16. Ninkii doob ahaa bay la roon yihiin dunida maantaahe
17. Inkastaan dadaalaynno way ina denbawsiine
18. Hadbana diil horlay noola iman laguna deyn waaye

19. Innaguna dagaal kama marnayn labo diraacoode
20. Degmadeennu nabadday hortii dowlad ku ahayde
21. Daraawiishi say ina gashay dirir ka oogeene

22. Wax baa daarayoo hooyadaa daaqo laga waaye
23. Dabcigiyo abuurtaa ka adag doodda waanada e
24. Arrinkii an uga door lahaa wax u daweyn waaye

25. Diricnimo waxay moodi baa diley nafteediiye
26. Dani xaajaday ugu jirtiyo diiddey taladiiye
27. Hadalna lagala daalyoo dheguhu uma daloolaane

28. Daartii Hobyood waxa u dhigay inaka diimmoone
29. Dacdarrada ka gaartiyo wixii dacas ka soo raacay
30. Waa taa la dedan kamana harin weliba diiftiiye

31. Anna kaladidkii suu u dhacy dayso ma lahayne
32. Dannigaygu waa rabey inaan diro ayaantiiye
33. Dartiinnaanse fiirina hayee uma dulqaateene

34. Kolba damicii an qabey sidaan doonay noqon waaye
35. Dadka intaad ku qalaggoyn yarkuna daaddah baranaayo
36. Iska sii dugsada waayo waa doqon sokeeyaahe.

SOW KUMA CIRAAB QAADAN? -Gabay 53-

Gabaygaan waa waano guud waxaa uu Cismaan ku halqabsanayaa wiilkiisii **Cali-Baash Cismaan Keenadiid.** Wuxuu tusaalaynayaa adduunkaa alle abuuray iyo siduu alle u maamulo in lagu cibrad qaato. Taasoo cilmi ugu filan dadka. Toban xaaladood oo cajaa'ib ah oo mudan in lagu cibradqaato. Gabay -C- 78 beyd.

1. Cunsur gabay ninkii Baashiyow caarifaa hela e
2. Ninkaan caynaddaydaas u baran curuf ku weeyaane
3. Bal caloosha geli dhawr hal baan ku callimayaaye

4. Waa cad la isku uumoo hawada looma caal helo e
5. Hadba meel an cidi gaarin bay calanka saartaaye
6. Calaha tii u dheer bay ninkaan celin ka tuurtaaye

7. Naftuna caasi weeyiyo sidii cadow shisheeyaahe
8. Intay caaq sidiis kaa dhigtay kugu cayaartaaye
9. Markii taladu kula caaridaa la caqli yeeshaaye

10. Cibaadadaad fududaysan baa ciil iga hayaaye
11. Waadiga culaab oo dhan moog sida carruureede
12. Sow toban haloo wada cajab ah ku ma ciraab qaadan?

13. Caaqibo danbeetiyo addduun cirib lahaan waaye
14. Cusaybkina horree iyo hadduu caraf lahaa jeere
15. Cisadiisu waa maalinaad caafimaad tahaye

16. Ninba calafki loo qoray inuu cunayo mooyaane
17. Cimridherer ma joogiyo inay cidi ku waartaaye
18. Cawabbari la'aantiisa sow ku ma ciraab qaadan?

19. Cindiggaabku waw boga hayaa cayshadda adduune
20. Cilladdiisa waa moog yihiyo cudurradiisiiye
21. Caaqilkaa hammiya ee isaga waw caloolsamiye

22. Ciriiriga qabuurtiyo khalqiga ciidda lagu aasi
23. Wedka caarran iyo geridaan axadna ceeseynnin
24. Waa xaal cajaa'ib ahe sow ku ma ciraab qaadan?

25. Wax cammimay arlaa'iga denbiga cuqubadiisiiye
26. Sida caanihii iyo biyaa loo cabba hayaaye
27. Canaantiyo wixii la is wacdiyey lagu cabsoon waaye

28. Codkay lee yihiin iyo ardadu camalka ay sheegi
29. Casho nool waxay marin hayaan waa cibriyo yaabe
30. Caalimiinta hadalkooda sow ku ma ciraab qaadan?

31. Cawaansiga tolnimo waa intii la is ciseyn jiraye
32. Mar hadduu caloosha iska naco caafimaad ma lehe
33. Ceesid li'idu waa waxa dadkuba la caddilmaayaaye

34. Colba mid aadan moodeynnin baa kuu cadaawe ahe
35. Ciribtiyo boqnaha waxa ku goyn kii cid kuu xiga e
36. Cashiiradda is wada xoortay sow ku ma ciraab qaadan?

37. Wadaaddadana gabal baa casiley cimiladii diine
38. Carradii wareershiyo dadkii caamada ahaaye
39. Waxaa calanka qaarkood u luli cood ku soo badiye

40. Iyaba caynaddii lagu ogaa lagala caal waaye
41. Waa calaamo aakhiro samaan camalka joogaaye
42. Culimmadu sida ay yeeli sow ku ma ciraab qaadan?

43. Gu cusbaaday goortii dayaxu cirirka soo gaaro
44. Ama lixuhu ciirada galaan iyo cadaadkoodu
45. Canbaarka inoo di'i jiriyo ceelkaggeeyaha e

46. Hadda meelihi u cayinnaa noogu curan waaye
47. Cirkiiba mooyi suu yahay dhulkana caws ka bixi waaye
48. Risqiga soo ciriiryamaya sow ku ma ciraab qaadan?

49. Carraa'iga akhbaaraa ka iman culus ayaan noole
50. Waxay cudud lahaayeen quruun ciirsan baa badane
51. Caalqaate dowlado hortii caajey aadniga e

52. Caaqibo danbeetay arladu ku cammirraataaye
53. Nin waliba cabdada tiis ah buu u cabsanayaaye
54. Colaadahakan bixi waayey sow ku ma ciraab qaadan?

55. Codkoodiiba gaabsade raggii curaddadaahaaye
56. Caqlina waa siyaadsadey ninkii ceebkayaab ahiye
57. Kuwii reerka ciidamin jiraa caarran waayaha e

58. Cabiidsigu intuu dhacay gumuhu ways callaqayeene
59. Annagayba cay nagu hayaan cidaha qaarkoode
60. Citibaarta semenkaan ah sow ku ma ciraab qaadan?

61. Cosobkiyo barwaaqada waxaa ku cadfan jiilaale
62. Cayilkana mar baa waxaa ku xigi caato iyo weyde
63. Nin cood badan lahaa oo haddana cayr ahaad arage

64. Cirrooluhu kol buu wuxuu ahaa cunug an weyneyne
65. Dharka kii cusayb ahi mar dhow calallo weeyaane
66. Cimillada is dabajooga sow ku ma ciraab qaadan?

67. Cirka naga korreeyiyo shamsada caanka laga yeelay
68. Cibaarooyinkii felegga iyo calawiyaad meeri

69. Caadkaa sareetiyo daruur cadar ah guudkeenna
70. Dabaylaha celceliskooda iyo curashadii roobka
71. Caddadkii shuhuurkiyo bilaha la isu caadeeyey
72. Cawadiyo dharaarti waqtiga labo cadceedood ah

73. Badda cawga laynoo dhigee caari iyo buux ah
74. Carrada waasaceediyo khalqiga ku cimran oo jooga
75. Intaasoo xigmado culus ahoo Caaddilku abuuray

76. Nin cabbaar yar eegaaba waa la cajabayaaye
77. Haddii adan cilmiga layna faray caynna ka aqoonnin
78. Calaamada Ilaah dhigayna sow ku ma ciraab qaadan?

Cali-Baashi Cismaan Keenadiid AUN

BAALLADA MA FIIRSADO -Gabay 54 -

Gabaygaan Cismaan naftiisa buu ka waramayaa iyo dhaqankiisa. Dhanka cibaadadiisa, arrimaha bulshada guud ahaan iyo tan xisbiyada. Baallada: waa meelaha habaynkii lagu caweeyo oo lagu tunto. Gabaygaan iyo jiiftada 'Baan ahay', waa labada ugu waaweyn kuwa Cisman naftiisa iyo baxaalligiisa wax kaga sheegayo. Wuxuu ku halqabsanayaa wiil uu dhalay,
Siciid Cismaan Keenadiid.

Inuu dhaqankaas baararka uu ka fog yahay, buu sheegayaa waana uga digayaa wiilkiisa. Wuxuu ku waaninayaa dhanka dhaqanka diinta Islaamka. Gabay -B- 24 beyd.

1. 'Baalllada' ma fiirasado intaan 'Baar Jiraaf ' tago e
2. Lama baayactamo naagahaas geedka biicsadaye
3. Bushimahayga uma quuri karo buuri iyo jaade

4. Salaadaha bilaash uga ma tago amase baashaale
5. Waa iga bakhtoo kale anfaco beriga soonqaade
6. Bidcana ma ictiqaadiyo sharciga waxaan bannaanayne

7. Ba'naan uumiyaha ku ma galiyo baaddil iyo ceebe
8. Bahdaa xaasid ma iraahdo iyo bi'i xigaalkaaye
9. Billaahaan ku dhawraa ninkii ila 'bartiitaahe'

10. Ballankii an qaadiyo axdiga baaji ma aqaane
11. Ma badsado siyaasiyo warkii 'barobagandaahe'
12. Runtana niman ka bayraa jiree ma ahi beenlow e

13. Isbarakaadintiyo waa nebcahay baabka aabiga e
14. Uma bogo ninkaan kibir gumeed bido abiidkay e
15. Basarxumo kurteed iyo dulliga waa iska buusaaye

16. Damacu waa belaayoo rag buu bohol ka tuuraaye
17. Ka ma badbaado ceebaal ninkii beeso-raac ahiye
18. Barbarka xurmadaa igala culus aniga buur weyne

19. Bugtadii Ilaahay damcaa laga biskoodaaye
20. Takhtarrada ma beegiyo midka u 'barofesooraahe'
21. Baryada Eebbahay baan markaan baqo ku rooraaye'

22. Barbaarrada kiciyo waalidkood ways beddelayaane
23. Ninbana budulki aabbihi maruu bar un ka raacaaye
24. Baxaalkaygu wa saas haddaad baran Siciido

Siciid Cismaan Keenadiid AUN

BAAN AHAY Jiifto 55

Jiiftadaan wuxuu caddaynayaa Cismaan sida dhaqankiisa, noloshiisa bulshada, diintiisa, waddaniyadda iyo wixii la mid ah. Jiifto -Sh-20 beyd. **Sharmaarke iyo Yuusuf.** Sharmaarke waa ina Yuusuf. Keenadiid waxaa dhalay Cali Yuusuf (walaalo). Yuusuf waxaa dhalay Boqorkii 8aad ee Maxamuud Yuusuf (Xawaadane). Jiifto -Sh- 20 beyd.

1. Nin shugriga Ilaah iyo shahaadada qiraan ahay
2. Nin shuruudda tawxiidku ku shiishayso baan ahay
3. Nimaan sharacu suu yiri shakiyaynnin baan ahay
4. Nin shafeecadii Nebiga shinsanaaya baan ahay
5. Nin shabaab ahaantiina shareecada bartaan ahay

6. Nin Shuuriyo Ancaam iyo Shucaraba dhigtaan ahay
7. Nin shirrabay tafaasiirta shuruuxdana og baan ahay
8. Wixii shuhubo iyo ceeb ah nin ka sheexayaan ahay
9. Nimaan showr ajnebi iyo shilin jiidan baan ahay
10. Nin ra'yigu hadduu sheelmo shishay u fiiriyaan ahay

11. Nin shahmaadka taariikhda ka sheekayn karaan ahay
12. Nin shoofaarta gabaygana shaacirkeed ah baan ahay
13. Nin shiddiyo khilaaf iyo sharka diiddan baan ahay
14. Nimaan shuush Ilaah gelinnin kana shaafiyaan ahay
15. Nin anaaniyadda shaacday ka shibqaatay baan ahay

16. Nimaan sharafta Soomaali shayna dhaafsan baan ahay
17. Nimaan kala shirshiriddeeda ka shaqaynnin baan ahay
18. Nimaan shuqulka gaalaad shabbahaynnin baan ahay
19. Nin Sharmaarke iyo Yuusuf la shalaabadaan ahay
20. Siyaalaha an soo sheegay nin sheikh u ah baan ahay

Injineer Caydaruus Cismaan Keenadiid AUN

Waa ninkii ugu yaraa ilmo Cismaan Keenadiid

MAANSOOYIN DAD KALE TIRIYEY

Farta Soomaali/Cismaaniya ku qoran
Farta Soomali/latin baa lagu beddelay

War diin nimaan lahayni dameer caysan weeyee
War maxaad dufulayohow cadowga ugu daranteen?

Dood waxaan u leeyahay

Waxaa tiriyey jiiftadaan Sayid Maxamed Cabdille Xasan.
Xigasho Wargeyska Horseed 31-01-1968

Jiifto -D- 22 beyd

1. Doodna waxaan u leeyahay culimada dafaarka ah
2. War idinma doocine idinkaygu diimee
3. Dalkaad iibiseen baa dacarta igu kiciyaye
4. Shan haloo idiin daran dannigiin ka fiirsada

5. Mar waa inaad dayowdeen diirad haddaydin qabateen
6. Dadka aydin raacdeen isna weydin digagubin
7. Dillaalkii la siiyana dafna ka ma heleeysaan

8. Ninkii idiin darraabana ajar iyo ducuu lelin
9. Dibna deeqa Eebahay debinta saarimaysaan
10. War diin nimaan lahayn dameer caysan weeyee
11. Wax maxaad dufulayohow cadowga ugu daranteen?

12. Wanka doosha weyn iyo ma dagadaad u xilateen
13. Qandiga ma iska duubtaan dawarsigu ma fiicnee
14. Awyaaloow ma diideen jahaadka maw dareertaan

15. Warmo danani iyo seef degta maad ku qaaddaan
16. Wiyilka diirka qaadka ah mowgu dadabtaan
17. Doobbiga xammaalka ah dakarka maad ka goysaan
18. Deeynqaadka eeyga ah duburta mowgu legaddaan

19. Daacufleeyda madida ah degdeg mow xabbaartaan
20. Dayr dhalkeeda ramagga ah dararta maad ka maashaan
21. Idinkaa dalkaba lehe dowlad mow ahaataan
22. Illaa doqoni calaf ma leh dulbaax maxaa ka beylahan

Dhurwaa iyo Hal

Gabaygaan waa xornimo u dirir, waxaa la tiriyey toboniyo lix gu ka hor 1968. Waxaa tiriyey Cali Xuseen, Wuxuuna u bixiyey Dhurwaa iyo Hal. Dhurwaagu waa Talyaanigii dalka Soomaaliya u talinjiray, hashuna waa dalka Soomaaliya.

Wargeyska Horseed 31-01-1968

Gabay -Dh- 37 beyd.

1. Dhurwaayahow hashaydii diloo gagida dhiidhiibshay
2. Sidaad dhaqatay shalay qaalintaad dhereranii goysay
3. Dhoolaha markaad ku hubsataad dhuumatada daaqday

4. Dheegga iyo kuruskii markaad dhugux ka siineeysey
5. Aad dheregtay waa kuu egtahaye inaad dhawaaqdaaye
6. Haddaanse iilka la i dhigin ciyoon geeri loo dhalaye
7. In waraaba dhawrihi u go'in baan ku dhaargalaye

8. Nin wanaag dhadhamiyaaba waa dhoohnaan jiraye
9. Adigoo dhabbada soo hayoo dhamay u rooraaya
10. Oo aan dhannaba fiirinayn dharaqsi mooyaane
11. Dhudhummada yaroow waan ku helin dhiif anoo qaba e
12. In dhafoorka sulub kaaga dhicin waan ku dhaar galaye

13. Dhuuniga la ii soo sidiyo dhaafin hilibkeeda
14. Siduu dheehadaydii cunay ii dhadhami waaye
15. Dhay iyo karuur waa adigaa dhamay waxaygiiye

16. Adigaa dhallaankayga baday dhaaxa gaajada e
17. Dhulka inaad ku noolaatid baad kaga dhabayseene
18. Dhankaan uga wareegaba kol baan dhaadka kaa xirane

19. In dharbaaxa ku siibataa baan ku dhaargalaye
20. Abaar dhahatay baa i dishay iyo dhaqanka xoolaade
21. Haddii dhool gu ii soo curtoo dhibici ii hoorto

22. Oo aanu jiilaal dhag yiri iguba dheeraannin
23. Inaad dhalashadaa qoomamayn baan ku dhaargalaye
24. Raggii geela dhaqay baa hurdee dhoor ma qalateene

25. Dhallinyaro haddaan helo kuwaad shalay dhibaataysay
26. Daraan laba gu wali caana dhamin urugana u dhuubtay
27. Oo ciil dhadhabayaa ku helin daman dhagaxowe

28. Dharraqaanka kani waa intaan la isu dhigane
29. In dharaara meydkaagu badan baan ku dhaargalaye
30. Dhaxalkay xumaysaa wixii fulay ka dhuuntaaye

31. Waa dhabanahays xaajadii kugu dhignaataaye
32. Godobtii rag kugu dhoowrayaa waa dhunkaal cudure
33. Mar uun buu indhaha kugu dhuftaa geesi dhididaaye

34. Dhabbaan ku hadlayaa doqon dhirfaa dhiilla hoynjiraye
35. Mar haddii u dhiidhiyo wuxuu doonayaa dhagare
36. Inaan dhiig cas kaa daadiyaan baan ku dhaargalaye
37. Bal i dhoowr dharaaraha intaan dhigaya oo ..biida.

Af iyo Far

Waxaa tirisay Cadar Faarah. Qorridda fartaiyo dhiiri galinteeda.
Xigasho *Wargeyska Horseed 29-02-1968*

Gabay -A- 4 beyd

1. Nimanyahow Afkii hooyo waa lama illaawaane
2. Nabi Aaadan iyo Xaawo waa nagu ogaayeene
3. Ardo iyo sidii macallin bey noo aflixiyeene
4. Aqoonsada far Soomaalidaa aayatiin badane

Ammaanta farta, Geeraar

Geeraarkaan wuxuu ku jiray qoraal wargayska Horseed qorey 31.01.1968 wuxuu ka hadlayey muhimada ay leedahay qoridda afka soomaaliga.

1. Haddii aad dhugatid 2. Dhammaanteed xuruuftu
3. Waa dhawr haloo 4. Haddii aad dhigatana
5. Macallinkoo aadan dhibayn 6. Iyagoon dhib lahayn
7. Iyagoon kaa dhumayn 8. Intaasoo isku dhaaban
baad 9. Dhibyaraan ku heshaa

10. Dhaaraankeeda danbeetana 11. Dhallaankeenniyo ciidiyo
12. Dhulkeenay wax tartaa 13. Dhalintaan Goosankooy
14. Dhammaantiin ardadooy 15. Intii aannu dhaqaaqno
16. Oo farteenna dhigano 17. Dhawr gu oo hadda laaban
18. Dhallaankaan dhali doonno 19. Aan ka dhaadhicino

Saar

Saarkaan waxaa tiriyey Carays Ciise Kaarshe. Waa guubaabo wadani ah. *Wargeyska Horseed 31-01-1968 31-01-1968*

1. Dalkaagu doog qarshoo
2. Durdurradu daadayaan
3. Haddaadan hoos u dayin
4. daa'iman aad dewersatid
5. Dembiga soow adi ma lihid?

6. Dulligii aan soo marniyo
7. Dowladda aan maanta nahay
8. Ninkii aan daawanoo
9. Qabiilnima doonayoow
10. Dan gaaraad sheegataye
11. Dembiga soow adi ma lihid?

Dhulkaaga

Gabaygaan waxaa tiriyey Cabdulle Raage waa gabay waddani ah. *Wargeyska Horseed 31-01-1968 31-01-1968*

Gabay 13 Beyd -G-

1. Hadda yaan sharciga gaarmareey guriga weyn yaala
2. Ninna gaar wax uma yeelan karo gooni kaligiise
3. Gaarhayayaalow waqtigu waana soo galaye
4. Gelliin waxaan u nahay inaan hantida wax iska gaarsiinno
5. Aydaan na gadan lacagta waa lugu golaystaaye

6. Adigana guddoonshaha dalkow waxaan ku gaarsiiyey
7. Annagaan guryaha seexan oo taagan garabkaaga
8. Dhulkaa go' ama gaaskeenna maqan garabka naafaysan
9. Gurmad iyo waxay naga rabaan gacan aan siinaaye

10. Gaandiba Hindiya waa ka ridey gorofkii cayreede
11. Gamaalna (Jamaal) loogu galiwaa dhulkii gooni u ahaaye
12. Nin waliba gabraarsiga u diid gaballadiisiiye
13. Adiguna sidooda u guntoo ka xarbi geestaada

HILBASHEEDAD

Gabay Waxaa turuyey Cali Makaadsade.
Wargeyska Horseed 31-01-1968 31-01-1968

1. Hilbasheedad baa yimid ninkani haybta yuu yahye
2. Wixii haragga lugu duubay bay ka hurgufaayaane
3. Haruubkay ka qaadeen dulliga la isku haadsada e
4. Taniyo hooyadeen Xaawadii Aadan ka hurhoodey
5. Abtirsiinyo waa soo hayeen mana halmaamaane
6. Heeryada addoonnimada iyo hadimma mooyaane
7. Hanti maxaad ku keenteen haddaa la is hor joogaayee?

8. Habow noqotay Soomaaliyeey waana hadafteene
9. Jidkaan hara ku geeyneeynnin waa lugu hallaabaaye
10. Dhaartii hagaabaha la jaray waa halka u tuure
11. Cirkaa horrimaadka ah denbi buu noo hareer maraye
12. Qabiilnima haddaan laga harayn waa had la hubaaye
13. Halkii baan ka baqayaa inay nugu hoggaanshaane

QOLOQOLO

Gabaygaan waxaa qoray Maxamed Ismaaciil.
Wargeyska Horseed 29-02-1968 𐒢𐒩-𐒠𐒢-𐒡𐒩𐒦𐒨

Gabay 25 beyd -Q-

1. Qabiilooyinkaad sheegtaan qaraf ma gooyaane
2. Qasaaraha u weeyn dunida oo qalada weeyaane
3. Haddii qaaya leedahay kufrigu inama qaybsheene
4. Qarribaadda waa kaa dadkii qaarba meel yahaye
5. Qurux iyo wanaag laga ma helo qoyska reer hebele

6. Qurun iyo si loo kala tagaad qoorta surateene
7. Qoryaha naartu waa tacasubkaad nagu qubaysaane
8. Qamac iyo cadaab lugu shid baa qaata waligiise

9. Qiirada dhulkiinniyo samaha ways ka qariseene
10. Waa kaa qabyada weli ahoo la isku qoonsadaye

11. Qalbigii xumaadaba Ibliis qaadayaa jira e
12. Qof keliyihi wax ka ma suubbin karoo meel qallooc galaye
13. Qaymaha is maqalkaa saldana lugu quweeyaaye
14. Qoowmiya dad waayaa wanaag kuma qaxweeyaane
15. Qaynuun ma yeeshaan intay qaran ahaadaane

16. Qarinnamaayo meeshii xumaan la isku qaabbila e
17. Qoloqolo waxaan eegayaa qaawan suuqyada e
18. Qabrigaad kala baxdeen odayadii qaammilaadsadaye
19. Qadada waxaad ku sheekaysataan qoomankii hore e
20. Qarniga aynnu joogniyo waqtiga uma qalmaysaane

21. Qabkase aan arkaayiyo dadkuba ila qaraaraaye
22. Qiiqa iyo ololkay shidaan waa qabiilnima e
23. Quraacda waxay ku haasaawayaan midan qaboobeeyyne
24. Qaanqaaminteediyo fidmada waa qurquriyaane
25. Qudhoodba ma gelin inay yihiin doowlad qaaliya e

LAALUUSH

Buugga maansadii Timacadde uu qorey: Boobe Yuusuf Ducaale

Geeraar Cabdullaahi Suldaan Timacadde –Laaluush--

Danleeydaa Alle beeriyo
Daabanaysa gudmaa e
Ee dabjeexaysa habeenkii
Dibigeenniyo goolkiyo
Canshuurtaa wanka daylan
Daaro dheer ka samaystay
Degdeg loo xukumaynin ee
Soconayso damminkuye
Ku dhammayso hadhowto
Dalku hadduu cadli waayo
Sida diingaxda cawda
Duunkii yeel ku dhaqaaqo

dubanaysa hangoolka e
deegta hoose qaadda
neefkay daajinayaan
dalaggeennan baxaayiyo
nin intuu dam ka siiyey
inta aan la dabraynin ee
reer dugsiiye u yeer iyo
arrintii denbebes iyo
weligeed degimayso oo
degmaba xaakinka haysta
ku fadhiisto dastiirku
dulmiga laysku gargaaro

TAARIIKH KOOBAN EE FAR SOOMAALIGA

- ***Muuqaalka farta cismaaniya***
- ***Taariikh nololeedkii Cismaan Y. Keenadiid***
- ***Aragtiyooyin xeel-dheerayaal luuqadaha***
- ***Kaalintii Cismaaniya ka qaadatay SYL***
- ***Guddigii Goosanka af soomaaliga***
- ***Tusaalooyin cismaaniya iyo latin-ka***
- ***Maxaa ka maqan farteenna latin-ka***

Afkaa inaku gaariyo codkaa la isku garanaayo
Niman baa gensadey oo ka jecel mid ayan gaarayne
Ugumana garawsana raggii goosanka ahaaye
Labadaa ra'yoo kala geddoon yaw garnaqi doona?

In 1922-1925, Osman Yusuf Kenadid wrote a Somali script called Osmania. He thought a common script would help unify all Somalis. Some religious people thought this script was wrong and many Italians, also, did not want it used. Beginning Somali history, 1967, By Paul S. Gilbert

Yuusuf Nuur Cismaan

𐒕𐒓𐒈𐒚𐒍 𐒒𐒓𐒇 𐒋𐒘𐒈𐒑𐒛𐒒

Gogoldhig II

1920 kii Cismaan Yuusuf Keenadiid waxaa uu soo bandhigay far Soomaali uu curiyey, fartaas oo wax weyn ku soo kordhisay horummarinta afka soomaaliga, dadkii oo ku baarugay baahida loo qabo, in af soomaaliga la qoro.
Wuxuu soo bandhigay xuruuf ka kooban shaqalo iyo fureyaal oo suurta galinaya, in dhammaan dhawaaqyada iyo lahjadaha afka soomaaliga lagu qori karo. Waxaa lagu soo sharxay arintaas gogoldhigga kowaad buuggaan.

Xilligaas ka hor dadku wax qoraal ah oo waddanka ka jiray ma jirin. Waxaa keli ah oo jiray dad carabiga qoriddiisa yaqaan oo wax ku qorta.

Farta Cismaaniyadu waa farta ugu da'da weyn, oo qof soomaali ah curiyey, waa tan ugu horreysay oo dhulka soomaaliya lagu curiyey. Gumaysigii Ingiriiska ee la oran jiray British Somaliland ayaa askartiisa u dhigi jiray qoridda afka soomaaliga oo lagu qoro farta LATIN. John Willian Carnegie Kirk ayaa 1905 qoray buug la yiraahdo "A Grammar of the Somali Language". Waxaa la oran karaa farta cismaaniya waa far wadani ah oo qof soomaali ah hindisay (Somali National Scripts).

Xilliyadii xornimadoonka ee 1943 Farta Cismaaniya waxay ahayd farta rasmiga ah ee ururkii SYL ku shaqeeyo. Ururka SYL ayaa soo bandhigay sanadkaas shaqo howleedka ururka oo ka koobnaa qodob muhiimah. Qodobka afraad ee shaqo hawlwwdka SYL wuxuu ahaa, in SYL ku shaqayso oo dadkuna barto farta cismaaniya. Qodobadaas waxaa ugu tegi doonnaa qaybta AUN Daahir Xaaji Cismaan ee buuggaan.

Farta cismaaniya waxay soomaalida u sahashey in ay ku urursadaan suugaan badan oo taariikhi ah sida gabeyadii la tiriyey xilligii uu socdey halgankii Daraawiishta iyo silsiladihii gabayadii GUBA.

Danta weyn ee ku jirtay in soomaalidu yeelato far qoran, waxay ahay isku soo dhaweynta ummadda soomaalida, maadaama wagaas lagu jiray xilli adag oo gobonimadoon iyo isku uruurin ummadda soomaaliyeed.

Ninka qoraaga ah ee la yiraahdo Paul S. Gilbert buuggiisa Beginning Somali History wuxu ku sheegay hadalkaan: "Cismaan Yuusuf Keenadiid wuxuu u fekerey qoraalka farta, inay ka caawinto midaynta ummadda soomaali oo dhan". Gumaysigu wuxuu bilaabay dicaayadaynta iyo cillad u yeelidda farta, laakiin ururkii xornimadoonku arrintaas waa ka hor yimaadeen, oo hawshooda bey wateen fartoodana wey ku shaqaysanayeen. Waxaa lagu qiyaasay dadka xilligaas isticmaali jiray farta Cismaaniya qoraalkeeda in ka badan 50,000 oo qof. Waxay lahayd fartu joornaal ku soo baxa fartaan iyo buug laga barto farta. Fartu waxay ka kooban tahay 41 xaraf. Waxay u qoran tahay xaraf xaraf oo isku dar looma qoro. Waxaa laga bilaabaa qoraalkeeda dhinaca bidixda. Waxay leedahay qoraalkeeda tirada.

Lifaaqaan oo ka kooban cilmi baaris farta cismaaniya iyo xoggata dhabta ah ee farta cismaaniya.

FAR SOOMAALI (CISMAANIYA)

Muuqaalka Far Somali (Cismaaniya) 1920

Magagacyada xuruufta waa: Shibbane, Fure

Fure: Leeddo iyo fure koore

Leeddo macneheedo waa: faraska aan waxba saarnayn.

Koore waa qalabka lagu fariisto oo faraska la saaro.

TiradaFar Somali (Cismaaniya)

Digit-Tiro	**0 1 2 3 4 5 6 7 8 9**
Tiro far Somali	**𐒠 𐒡 𐒢 𐒣 𐒤 𐒥 𐒦 𐒧 𐒨 𐒩**

Waa calaamadaha caalamku u samaystay xuruufta adduun.

Unicode version history

Meesha ay ku jirto:	U+10480..U+4AF (48 dhibcood) points
Qoritaanka magaciisa	Osmaniya
Xuruufta guud	Osmaniya somali
Inta xaraf ay tahay	40 (+40)

𐒉𐒘𐒁𐒁𐒖𐒒𐒗 Shibbane

𐒁 𐒂 𐒃 𐒄 𐒅 𐒆 𐒇 𐒈 𐒉 𐒊 𐒋 𐒌 𐒍 𐒎 𐒏 𐒐 𐒑 𐒒 𐒔 -𐒓 𐒕-.
b t j x kh d r s sh dh c g f q k l m n h - w y
𐒔𐒖𐒇𐒇𐒜𐒆/ harreed waa "hamsa" '

𐒍𐒚𐒇𐒗 Fure

𐒖 𐒗 𐒘 𐒙 𐒚   𐒛 𐒜 𐒕 𐒝 𐒓
a e i o u   aa ee ii oo uu

𐒖̈ 𐒗̈ 𐒘̈ 𐒙̈ 𐒚̈   𐒛̈, 𐒜̈, 𐒕̈, 𐒝̈, 𐒓̈

𐒁	𐒂	𐒃	𐒄	𐒅	𐒆	𐒇
𐒁𐒖𐒇	𐒂𐒘𐒄	𐒃𐒖𐒁	𐒄𐒝𐒇	𐒅𐒖𐒆	𐒆𐒛𐒆	𐒇𐒚𐒒
B	T	J	X	Kh	D	R
Bar	Tix	Jab	Xoor	Khad	Daad	Run
𐒈	𐒉	𐒌	𐒊	𐒋	𐒍	𐒎
𐒈𐒛𐒁	𐒉𐒘𐒆	𐒌𐒖𐒍	𐒊𐒚𐒐	𐒋𐒘𐒇	𐒍𐒖𐒇	𐒎𐒙𐒐
S	Sh	G	Dh	C	F	Q
saab	Shid	Gaf	Dhul	Cir	Far	Qol
𐒏	𐒇	𐒒	𐒒	𐒔	𐒓	𐒕
𐒏𐒝𐒁	𐒐𐒕𐒒	𐒑𐒖𐒈	𐒒𐒖𐒐	𐒔𐒖𐒐	𐒓𐒖𐒒	𐒕𐒝𐒐
K	L	M	N	H	W	Y
koob	Liin	Mas	Nal	Hal	Wan	Yool

-𐒓 𐒕- Labadaan xaraf waxay u dhigmaan y iyo w, waxay kaloo noqdaan: uu iyo ii.

Laga bilaabo 2002 waxaa suurtagal noqotay, in lagu qorikaro farta cismaaniyadda Microsoft office.

Ku hagaajinta far Somaliga (Cismaaniya) kumbuyuuratka windows 7. 8,10, iyo wixii ka danbeeya. (Installation of your TrueType fonts in Windows 7 or later).

Waxaa ku darsan kartaa Microsoft Word-ka adigoo ku daraya farta cismaaniya meesha ah ku dar xuruuf (add fonts). Waa markii aad heshid cismaaniya script fonts oo kuu suurta galinaya inaad Word-ka ku qoratid cismaaniya. Ku qoro Farta cismaaniya/somali computer-kaaga

(Current Far Somali (cismaaniya) Keyboad

Tani waa muuqaalka looxa-furaha (keyboard), markii aad computer-kaaga ku duubtid xuruufta cismaaniya, sidaan buu u ekaanayaa. Xuruuftu Meesha ay ku jirto buu ku tusayaa masawirkaan hoose.

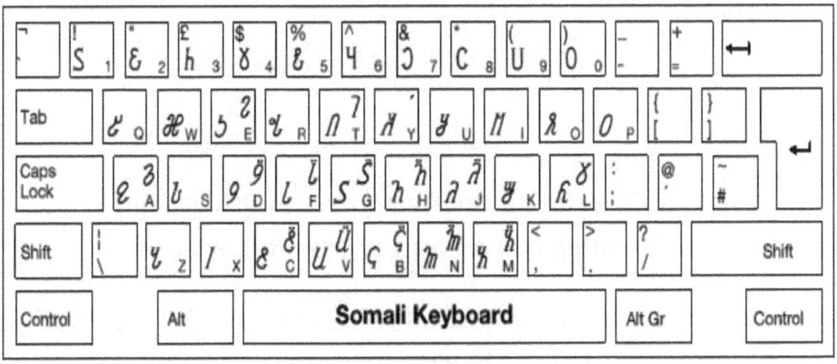
Tab
Caps Lock
Shift
Shift
Control
Alt
Somali Keyboard
Alt Gr
Control

Qofkii raba inuu xuruuftaas computer-kiisa ku soo degsata, si uu microsoft-ka wax ugu qorto, wuxuu kala soo xiriiri karaa emailkaan: ajoob1@gmail.com

WARAYSI INJ. CAYDARUUS CISMAAN

Taariikh-nololeedkii Cismaan Yuusuf Cali (Cismaan Keenadiid) 1899-1972

July 13,2012

By: Siciid Jaamac Xuseen

Siciid Jaamac Xuseen oo falanqaynaya buuggiisa "Shufbeel" Bandhigga Caalamiga ah ee buugaagta Hargeysa.

Siciid Jaamac waxaan ka codsaday inaan waraysiga isaga iyo Inj. Caydaruus Cismaan dhex martay aan ku daro buugga taariikhda Cismaan Keenadiid iyo Far Somaliga (cismaaniya), waana iga oggolaaday, khayr Allaha siiyo Siciid Jaamac Xuseen.

Waraysigaan aan ku tilmaamay in aanu caadi ahayn laba masalo ayaa ugu wacan. Waa marka hore e, ma'aha mid la qaaday iyadoo fool ka fool la isu horfadhiyo, ama qaab kale oo toos ah la isu waraysanayo. Waa marka kale e, ka ba sii daran ee xilligii waraysigaasi dhacay iyo maanta oo ay ugu horrayso daabacaadiisu labaatan sano wax dheer ayaa ka soo wareegay.

Fasiraad: Inj. Caydaruus Cismaan Yuusuf oo qoyska uu ka dhashay qaarkood ay aqoon iyo saaxiibtinimo na dhex martay ayaan magaalada Cadan ku kulannay bishi Oktoobar 27 keedii, 1991. Sheeko, kaftan iyo is-xogwaraysi ah ayaan wada yeellannay.
Taas oo ay isbarasho shakhsi ahi ka billaabantay.

Muddo aan dheerayn, isla sannadkaa gudihiisa, ayaan Caydaruus magaalada Sanca ee Yamanta ugu tagay isaga oo gurigiisa igu marti-qaaday.
Isla xilligaas oo aan bilaabay inaan xarxarriiqo wax lagu sheegi karo 'sheekooyin gaagaaban' ayaan niyaystay in si uun haddii ay u suurowdo in sheekooyinkaasi tisqaadaan oo la soo daabaco inaan u hibeeyo Cismaan Yuusuf Cali – 'Keenadiid' qadderinta aan marxuumkaas u hayay awgeed.
Caydaruus ayaan arrintaa la socodsiiyay oo dhawr sheeko oo iska filiqsan farta ka saaray.

Markaas ayaan ka codsaday Caydaruus in uu dhawr meelood aniga iyo qayrkayba inta danayn karta uga iftiimiyo geeddi nololeedkii aabbihii Cismaan keenadiid.

Dabadeed su'aalo taxane ah oo Af-Carbeed ku qoran ayaan u gudbiyay si uu uga soo jawaabo. Isagoo ku mahadsan ayuu su'aalihii si waafi ah uga soo wada jawaabay. Far Soomaali xarfuhu kala furfuran yihiin oo si qurxoon gacan ugu qoran ayuu igu soo simay. Labaatan sano ayay qaadatay inta sheekooyinkaygii ku soo baxayeen buug daabacan. Kaas oo aan u bixiyay "**SHUFBEEL**", xaaladda dalka ka taagan darteed.

Waa tan keentay in waraysigii labaantaka sano raagay aan maanta ku soo bandhigo WardheerNews mar haddii buuggii uu ku cindanaa ifka u soo baxay. Waana kan waraysigii iyadoo aan markan qaab su'al iyo jawaab isugu xejinayo iyadoo ereyadii Caydaruus aan haba yaraatee waxna lagu darin waxna laga beddelin.

Inj. Caydaruus warbixinta noloshii aabbihii ka sokow, wuxuu ii soo raaciyay oo iigu deeqay qayb ka mid ah mansooyinkii Cismaan Keenadiid xilligiisii caanka ku ahaa. Kuwaas oo iyana xarfo kala furfuran oo qalin ah ku qoran xilkasnimo darteed. Dhawr aan akhristayaasha u xulay ayaa waraysigan la socda.

Waxa aan isna halkan mahadnaq uga soo jeedinayaa Axmed Cabdiraxmaan X. Xasan oo ka tirsan baha WardheerNews oo iga kaalmeeyay garaacidda, habaynta iyo tififaftirkan Wareysigan.

Sultanen i Hobyo.

Sawir laga qaaday Suldaan Yuusuf Ali Keenadiid aakhirkii qarnigii 19 aad.

Ugu dambayn waa kan wareysigii ee iga guddooma:

Siciid Jaamac Xuseen: Caydaruus waxa aad bal marka hore guudmar kooban noogu samaysaa dhalashadii (goobta & taarikhda) iyo carruurimadii (korriimadii iyo barbaarintii) Cismaan Yuusuf Keenadiid.

Enj.Caydaruus Cismaan Keenadiid: Cismaan wuxuu ka mid ahaa 5 tii wiil ee Suldaan Yuusuf Cali, ee Suldaan Cali Yuusuf curadka u ahaa. Qoyska uu Cismaan ka soo jeedaa wuxuu ku abtirsadaa Boqor Maxamuud Yuusuf (Xawaadane), oo ahaa boqorkii astaameeyay, tiginkana u aasay boqotooyadii Cismaan Maxamuud. Abtirsiinyaha arrintaas xiriirinayaa waa:

Cismaan Yuusuf Cali Yuusuf Maxamuud (Xawaadane)Yuusuf.

Hooyadiis waa Dahabo Islaan Adan (Islaankii Cumar Maxamuud) iyadoo islaanka haatan joogaa (Islaan Cabdulle Islaan Faarax Islaan Adan) uu ina abtigii yahay.

Wuxuu ku dhashay magaalada Hobyo ee gobolka Mudug. Magaaladaas oo ahayd xaruntii saladanadii reer Keenadiid.

Cismaan Keenadiid wuxuu dhashay sannadkii 1899.

Waxa durba la baray Qur'aanka iyo Carabiga, iyadoo ay dhaqan ahayd in xubnaha qoyska taliya lagu ababiyo barashada dhaqanka Islaamka iyo tarbiyadda diinta.

Maadaama uu fardafuulku ka mid ahaa waxyaalaha xarunta mudnaanta iyo ahmiyadda gaarka ah ku leh, waxa oday Cismaan, yaraantiisiba la siiyay tababar, waxaanu aakhirkii ku caanbaxay xeeldheeri dhaqankaas ah.

Inkasta oo aanu Cismaan tabaha fuullaanka u adeegsan duullaan-ku-gal iyo socdaallo hawleed, haddana waxa in badan la sheegay in farta lagu fiiqi jiray. Waxa gabayadii iyo geerarradii uu tiriyay laga dareemayaa siduu fardafuulka niyadda uga jeclaa.

Siciid Jaamaca Xuseen (SJX): Bal waxa aad iyana wax nooga sheegtaa heerarkii waxbarsho ee Cismaan Yuusuf Keenadiid.

Enj.Caydaruus Cismaan Keenadiid: Cismaan markii uu ku aflaxay gacantii culumadii xarunta, gaar ahaan dhinaca diinta iyo afka Carabiga, waxa uu sii kororsaday barashada culuum dheeraad ah, sida axkaamta, fiqiga, taariikhda, juqraafiga iyo felegga. Waxa uu urursaday kutub arrimahaas ka kalmeeyay, waxaana si weyn waxtar ugu noqday luqadda Carabiga oo uu ku mutaystay in wax laga weydiiyo, loogana dambeeyo naxwaha iyo fasiraadda afka Carabiga.

𐒋𐒘𐒈𐒑𐒛𐒒 𐒕𐒚𐒓𐒈𐒚𐒍 𐒏𐒜𐒒𐒖𐒆𐒘𐒕𐒆 **Cismaan Yuusuf Keenadiid**

Siciid Jaamaca Xuseen (SJX): Bal waxa aad iyana guudmar noogu samaysaa halabuurka maskaxeed ee Cismaan, qoraaladiisa kala duwan.. dhanka suugaanta iyo siyaasaddaba. Goormaase lagu arkay amase uu billaabay curinta gabayada iyo maansooyinka kale?

Enj.Caydaruus Cismaan Keenadiid: Markii uu taabbagal noqday, qaangaarna ku dhawaaday ayaa waxa lagu arkay calaamadihii gabayaaga, iyadoo aqoontiisa afka Soomaaliguna noqotay mid isha lagu hayo, aadna loo danneeyo.

Dhinaca ebyidda qoraalada iyo halabuurka maskaxeed, qiyaastii 1918 kii waxa uu oday Cismaan si buuxda isugu taxallujiyay qorista afka Soomaaliga. Waxa uu darsay afaf dhowr ah, wuxuuse si gaar isugu deyey in uu af Soomaaliga ku qoro xuruufta carbeed.

Waxa la sheegaa in markii uu arrintaas ebyey ay u muuqatay in habkaasi aanu ballan qaadi karin af Soomaaliga oo si toolmoon u qorma.

Waxa uu yaqiinsaday in qaabkaasi Soomaalida qalleyf ku yahay. Waxa iyana sidoo kale la wareiyay in habkaas uu oday Cismaan ku tijaabiyay Xaaji Cabdiraxmaan oo lagu tirin jiray nin afka Carabiga aan laga daba qaadan jirin. Si kastaba ha ahaatee waxa uu muddo ka dib (1920 ilaa 1922) uu soo saaray fartii Soomaalida ee loo bixiyay **Fartii Cismaaniyda**.

Waxa guud ahaan la isku waafaqsan yahay in Cismaan waqtigiisa inta badan ku jeedin jiray cilmi raac. Gaar ahaan waxa uu laasimi jiray culuumta diinta, taariikhda, juqraafiga, felegga afka Carabiga iwm.

Cismaan Keenadiid waxa la qiray in uu si aan caadi ahayn ugu xeeldheeraa cilmiga xiddigiska (Felegga). Waxa la hayaa qoraallo uu ku dersay, lana filayo in faaqidaaddoodu marag u noqon doonto sarraynta aqooneed ee lagu tebeyay.

Dhinaca suugaanta iyo aqoonta Soomaalida waxa uu ururyiyay ereyada af Soomaaliga, abtirsiinyaha, taariikhdii iyo maansooyinkii xilliyadii ka horreeyay, kuwii la waaga ahaa, marxaladdii gobonimo doonka iyo xilligii xorriyadda la hantayba.

Dhinaca siyaasadda waxa Oday Cismaan ahaa taageraha weyn ee xisbigii waddaniga ahaa ee SYL. Waxa uu cod iyo talaba ku taakulayn jiray dhaqdhaqaaqii gobanimodoonka. Arrintaas oo uu dhibaatooyin badan, carqalado iyo dibindaabyaba dhankii gumesiga kala kulmay.

Waxa uu si weyn isugu taxalujiyay baahinta waxbarashada, ilbixinta iyo wacyigelinta dadweynaha. Waxa uu ku guulaystay taabbagelinta toogadii iyo hawlihii goosanka.

Waxa ugu dambayntii fartii Cismaaniyadu noqotay tigin adag oo xiriirya hawlihii xisbiga SYL iyo dadweynaha.

Siyaasadda Oday Cismaan waxa ay ku qotontay, aaminsanaa, kuna hamiyi jiray helitaanka dawlad casri ah. Waxa uu ka guban jiray marka la dhinac maro mabaadi'idii iyo yoolkii SYL. Taas oo laga dareemi karo, si caadyaal ahna ugu sugan gabayadiisii.

Waxa uu u fasiri jiray dadweynaha, kuna baraarujin jiray midnimada, garsoorka, gumeysi diidka, akhlaaqda san, xoojinta diinta iyo waxbarshada.

Siciid Jaamac Xuseen: Waxyaalaha uu Oday Cismaan aad u dhibsado maxaa ka mid ahaa?

Inj. Caydaruus: Waxa damiirka Oday Cismaan dhaqaajin jiray dareenka bulshada. Taas oo uu si cad ugu cabbiri jiray gabayadii, doodihii iyo faallooyinkii uu ku muujin jiray is maandhaafka jeylalka is cirbinaya iyo iska soo horjeedka garaadka iyo kasmada.

Waxa uu Cismaan Keenadiid ka digi jiray qalloocii iyo marin-habowgii la geliyay maamulka markii la gaaray xorriyadda.

Waxa uu si gaar ah farta ugu fiiqay sida ay dawladdii daakhiliga ahayd uga baxday ballankii, mugdina u gelisay himiladii hanashada gobanimada looga gol lahaa, inaan la asiibin xulidda xubnihii taabay talada, lana garab maray tubtii dawga iyo hannaankii fayoobaa.

Waxa uu dareemay in aan saan-qaadka Soomaalidu ka tarjumayn gaaridda dawladnimo dhab ah oo uu ku idil yahay macnaha buuxa ee ereyga dawladi huwan yahay.

Waxa murugo ku dhalisay, si weynna u saamaysay in maamulkii gacanta u galay, lagalana tashaday, qaar ka mid ah kuwii dibindaabyada iyo mardabada maarada looga waayay xilligii loo dirirayay soo dhicinta iyo dib u hanashada gobonimada.

Waxa uu suugaantiisa ku muujiyay sidii uu uga gilgilanayay, naftiisuna u dhibsanaysay inaan Soomaaliyi garan sarraynta xorimada iyo sida loo macna yareeyay qiimaha gobonimada.

Waxa Oday Cismaan welwel ku hayay afkaarta silloon, qabyaaladda iyo danaysiga oo uu muujin jiray sida ay iin ugu yihiin qaranimada, isaga oo tusaaleeyay in aanay arrimhaasi dawladnimo ehel u ahayn, waxna la wadaagin.

Falsafadda nololeed ee minhaajika u ahayd Cismaan Yuusuf waxay muujinaysaa in uu lahaa dhaqan u yeelay jaah iyo meeqaam la xurmeeyo.
Tixgelinta Cismaan loo hayay ma ahayn mid loogu abtirin karo, salkana ku haysay in uu Isim ahaa, balse waxa ay ka soo jeedday shakhsiyaddiisa oo kasbatay sumcad aan qoys iyo tol ku ekeyne, ku fidday sal ballaaranna ku yeelatay bulshada Soomaaliyeed.
Cismaan Yuusuf waxa uu diinta Islaamka u arkayay tubta xaqa ah ee aadanuhu ku gaari karo sharaf, walaaltinimo, sinnaan iyo khayr.

Siciid Jaamaca Xuseen: Bal iyana wax yar nooga iftiimi Oday Cismaan, Shakhsiyaddiisii, shakhsiyaadkii iyo dhacdooyinkii saamaynta ku lahaa noloshiisa.

Enj. Caydaruus Cismaan Keenadiid: Sida Dareenka iyo bulshada iyo isbedellada ku lug lihi u saameeyeen Cismaan Yuusuf waxa laga garan karaa suugaantiisii uu ugu tala galay ilbixinta iyo waxbarashada. Kuwaas oo uu ku tilmaami jiray isa-saamayska dhaqanka iyo horumarka, isaga oo fiiro iyo garasho dheer u lahaa baahida loo qabay akhlaaq san, xiriir suubban oo bulsho iyo qofnimada oo la weyneeyo.

Waxa gabayada uu arrimhaas ku tilmaamayo ka mid ahaa:-

- Oday iyo nin dhallinyar.
- Reer miyi iyo reer magaal
- Haweenay iyo gabar
- Caalin iyo masaargaab
- Nin Talyaani ah (Jusebbe) iyo nin Soomaali ah (Samakaab)
- Iyo kuwo kale oo ay soo dhufsashadooda xusuusto .....

Shaki kuma jiro in ay garaadkiisa siyaasadeed ay saamayn ku lahayd korriimadii uu ku soo koray gurigii saldanadda looga talinayay. Wuxuu aaminsanaa xukun furfuran oo dimuqraadi ah sida laga fahmi karo suugaantiisa.

Maansooyinkiisii, sheekooyinkii iyo dhammaan xubnaha suugaantiisu waxa ay ka marag kacayaan in uu si wacyi ku idil yahay ugu soo noolaaday boqortooyo, xilli gumeysi, xilli gobanimodoon iyo xilli ay dhulkii Soomaaliyeed qaybo ka xoroobeen.

Waxa iyana saamayn weyn ku lahaa noloshihiisa iyo dadnimadiisaba dadkii qaybta ka qaatay koriimadiisii, barbaarintiisii iyo waxbarashadiisiiba.
Maansooyinka Cismaan Yuusuf waxa ay kuwa badan uga duwanaayeen, iyagoo ka maran faan, qabyaalad, diradiro, aflagaaddo iyo iin kale. Waxa guud ahaan la qiray in suugaantiisu ahayd risaalad ama farriin insaani ah oo idilkoodba sifaha samaantu ku dhan tahay.

Cismaan Yuusuf uma turin, wuxuuna af adag kula hadli jiray kuwii guumeysigu leexsaday ee soortu duwatay. Waxaan iyana sidoo kale far ku fiiqa ka qadin, sedkoodiina ka helay qoonkii maamulka qallooca iyo jahawareerka geliyay.

Baaqii Cismaan Yuusuf ee ku aaddanaa u hiilinta gobanimadu kuma ekeyn Soomaali oo keli ah, ee wuxuu si cad uu suugaantiisa ugu muujiyay halgankii ay shucuubta itaalka yari ugu jirtay xorriyadda.
Cismaan Yuusuf waxa uu ka tegay kayd qaali ah oo leh culuum, suugaan iyo taariikh. Wuxuu keydkaasi la kulmay xilli uu xadan ku joogay, mana dhici karin in uu ka bedbaxo kadeedkii Soomaali oo idil saameeyay. Waxaanse shaki ku jirin in keydkaasi noqon doono albaab ay ku awdan yihiin asraar qiime weyn u leh taariikhda, dhaqanka, iyo ilbaxnimada Soomaalida, haddii loo helo cid maasha iyo shacbi manaafacaadsada.
Cismaan Yuusuf qof (insaan) ahaan ma fududa in shakhsiyaddiisa la tilmaamo, si sugganna loo asiibo. Si kelimadda xaqa ah arrintaas looga yiraahdana waxa loo baahan yahay daraasad gudagal ah iyo

fasiraad cilmi oo hawlihiisii iyo afkaartiisii lagu sameeyo. Waxaase isku si loogu arkay xikmad, xishood, naxariis, deeqsinimo, iyo miyir. Wuxuu ahaa nin aamus badan, marmar kaftami jiray, xurmo iyo marxabbays badan taqwo iyo cibaado badan.

Siciid Jaamaca Xuseen: Ma jireen safarro uu galay Oday Cismaan –Gudaha dalka iyo dibeddaba, sababaha ku dhaliyay iyo waxa uu kala kulmay?

Enj. Caydaruus Cismaan Keenadiid: Waxa la qiyaasyaa in ay jireen in safarro xilliyo kala duwan oo uu Cismaan Keenadiid ku tegi jiray dalalkii uu qoysku xiriirka la lahaa. Waxaase arrintan laga xaqiijin lahaa, iyadoo laga hubiyo kaydkii taariikheed oo aan haatan Xamar ka sokeyn.

Markii Talyaanigu saladanada qabtay, waxa uu Cismaan ka mid ahaa xubnihii qoyska ee Xamar, maxaabiis ahaanta loo geeyay. Xilligaas oo uu qiyaas ahaan jiray 26 ilaa 27 sano.

Siciid Jaamac Xuseen: Ubad muxuu ka tagay Cismaan Y. Keenadiid, sidee baase uu u ahaa xiriirka isaga iyo ubadkiisa u dhexeeyaa?

Enj. Caydaruus Cismaan Keenadiid: Carruurta Cismaan Yuusuf, intooda hanaqaadday ama taabbogal ku dhawaatay waa 13 wiil iyo 2 gabdhood. Dhanka xiriirka uu uu ubadkiisa la lahaa, waxaan filayaa inuusan jirin aadane aabbe la yiri oo Oday Cismaan ka carruur jeclaa.

Siciid Jaamac Xuseen: Ugu dambayn maxa kale ee intaas noogu dari lahayd?
Enj. Caydaruus Cismaan Keenadiid: Dad badan oo daneeyay taariikhdii Cismaan Yuusuf oo Soomaali iyo shisheeyaba leh waxa ku adkaatay su'aasha ah Cismaan ma Faylasuuf baa, ma mufakir baa, ma buuni baa, mise si wadar ah bay arrimahaasi shakhsiyaddiisa u astaameeyeen.

Dhinaca maansooyinka haddaan wax idhahdo gabayda iyo tixaha kale ee kala duwan ee Cismaan tiriyay aad ayay u badan yihiin, in badan ayayna boqol dhaafsiisan yihiin, waxaanse ka xumahay in aanan wax badan ka xafidsanayn, iyagoo qoranna aanan wadin, hase yeeshee waxaan kuu soo gudbinayaa dhowr aan hubo in ay kuu ifin doonaan Cismaan Yuusuf, shakhsiyaddaas weli dahsoon, Soomaalina weli meel dhigi la'dahay.

Walaal Siciid, waan malaynayaa in aad iga sugaysay kaalin intan ka hodansan, kana cayilan, waxaadse raalli ku noqotaa in sababtu tahay aqoontayda dhankaas oo weyd ah iyo anigoo aan haatan aan wax qoraallo ah gacanta ku hayn.

Waxa keliya ii haray waa aniga oo Cismaan Keenadiid naxariis Eebbe uga barya.

Siciid Jaamac Xuseen: Aamiin Eebbe ha aqbalo.
Qaybta hore ee buuggaan ayay ku jiraan gabayadii uu Siciid Jaamac Xuseen uu buuggiisa "**SHUFBEEL**", ku soo qaatay, sida gabayga Maanyari I yo Ugu ma Guuraayo.

Xigasho: *Wardheernews.com*

ARAGTIYOOYIN XEEL-DHEERAYAAL AFKA

Qoraalkii: Mario Maino Far soomaali

Mogadishu 1953 Prof. Martino Mario Maino

War bixintaan waxaa laga soo xigtay buugga uu qor Prof. M Maino ee "La lingua Somala, Strumento d'Insegmento professionale" "Afsoomaaliga oo loo adeegsado barashada xirfadaha". Inteysan fikraddii xornimadoonku xididkeedu adkaan, nin soomaali ah oo la oran jirey Cismaan Yuusuf wuxuu dejiyey far asli ah oo lagu qoro af soomaaliga. Waxaan ka fekeray inaan la kulmo ninkan Soomaaliyeed oo leh himmaddan sare oo ku dhalisay inuu wax weyn u hindiso saqaafadda soomaaliyeed, si aan uga helo, toos ahaan, warka la xiriira fartaas.

Nasiib wanaag waxaa ii suurta gashay, mar uu Xamar yimid inaan la kulmo. Cismaan wuxuu dhashay 1899 wuxuu ku dhashay Ceelhuur oo Hobyo u dhow ee Gobolka Mudug. Waa nin weji furan oo firfircoon, fahmo degdeg ahna leh. Si joogto ah afkiisa wuxuu ku duubaa cimaamaddiisa. Af Talyaaniga wuu yaqaan laakiin marna iskuma dhibo inuu ku hadlo. Sidaa aawadeed, wada-hadalkayaga waxaanoo kala af-qaadayey qof kale oo karti iyo daacad lahaa.

Cismaan Yuusuf isagaa qoyskiisa uqaabilsanaa qoraallada af carabiga, afkaas wuxuu bartay yaraantiisii. Hayeeshee, durbadiiba wuxuu ogaaday, in adeegsiga af carbeedku uusan ku filnayn cabbiraadda buuxda ee fikradda uu doonayo inuu soo bandhigo. Naxwaha af carbeedku wuu adag yahay. Helidda ereyo waafi ah maskaxda ka turjumi karaana laguma guulaysto. Dhibaatada kale uu la kulmay waxay ahayd dadka warqadaha uu gaarsiinayo oo aan af carbeedka aqoon.

Waxaa markaas u muuqday inuu af soomaaliga keli ah yahay waxa si buuxda dadku isuku fahmi karaan.

Wuxuu bilaabay in af carbeed afsoomaaliga ku qoro. Durbadiiba waxaa u soo baxay inaan af carbeedka laga helayn dhawaaqyada qaar, oo ku jira af soomaaliga.

Maadaama uu yiqiin xuruufta laatiinka, wuxuu isku deyey inuu u adeegsado qoritaan farta. Dhibaato tii carabiga oo kale la mid ah baa ka hor timid. Sidaas darted Cismaan Yuusuf wuxuu curiyey xarfahaan kuwaasoo u ku habboon dhammaan dhawaaqyadii soomaaliga oo dhan.

Prof. Martino Mario wuxuu yiri: hadaladuu igu yiri Cismaan waxaa ka mid ahaa “Soomali baan ahay, af soomaali Ayaan ku hadlayaa maxaa iga reebaya inaan xuruuf soomaaliyeed afka u adeegsado".

Cismaan wuxuu laka tashaday fikirsiisa ku aadan curinta farta dad aqoonyahano soomaaliyeed ah, gaar ahaan wadaaddo, laakiin culimadii ma aysan fahmin himmilda Cismaan, kuma taageerin arrintaas qoridda af soomaaliga. Waxay u arkeen inaan loo baahnayn fartaas maadaama uu yaqaan luuqadda carabiga. Cismaan kama leexan shaqadii uu waday ee farta oo hawshiisii buu sii watay. Hawshaas wuxuu ku dhammays tiray muddo laba sano ah 1920-1922. Ardadii baratay farta cismaaniya baa qaar waxay fartu ula ekaatay amxaarik, ha yeeshee aan ku dhawaaq ahayn kuwa amxaariga.

Cismaan wuxuu ii sheegay inuusan cid ka soo amaahan fartaan. Inuu run sheegayo waxaan ku gartay, inuusan aqoon afka amxaarik.

Wayraysi dheer buu ahaa laakiin hadda Intaas baa ku soo koobay wada-hadaladii dhex maray Cismaan Keenadiid iyo Prof. M. Maino Sidaas bey fartii u noqotay mid waddanka oo dhan gaartay.

cismaaniyaya muddo 30 sano ah baa dad badan barteen, SYL ku guulaysatay inay xornimado ku gaarto iyo meelo laga barto farta oo magaalooyinka waa weyn ka furnaa. Waxaa bilowday bilowgii 1950, lin rag macalimiintii iyo ardaydii farta cismaaniya ay bilaabeen inay soo saareen xuruufo lagu qori karo afka soomaaliga kuwaasoo ah latin iyo, carabi iyo xuruuf kale.

Laakiin farahaan cusub waxay ahaayeen kuwo ku kooban qofka soo curiyey. Uma suurta galin raggaas, inay gaarsiiyaan bulshada oo iskuulo u furaan.

1950 waxaa bilowday in dadka aqoon yahannada ah ay ka doodaan waddanka sidii luuqaddiisa loo qori lahaa. Waxraysiyada iyo doodihii wakhtigaas dhacay waxaa ka heli kartaa buugga uu qoray Shariif Saalax Maxamed ee “Halgankii loo galay qoridda af soomaaliga 1949-1972”.

Aragtidii Marino Maino ee farta Cismaaniya

L' Alfabet Osmania in Somalia

Waa qoraaladii hore ee far Somali (Cismaaniya)

Xuruufta Cismaaniya **Maahmaahyo**

116 MARIO MAINO

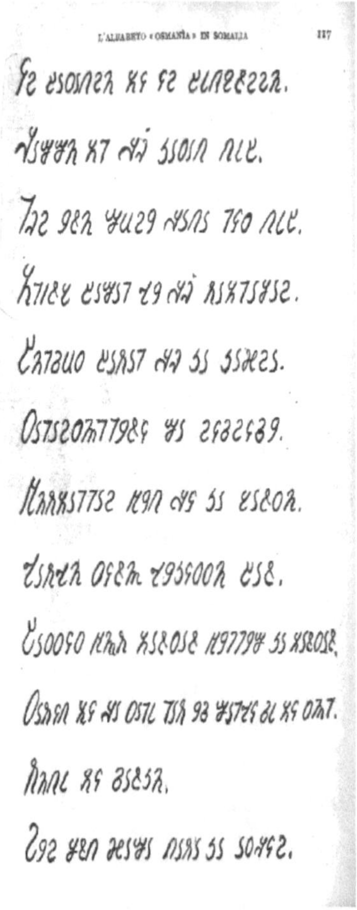
L'ALFABETO «OSMANIA» IN SOMALIA 117

Waa qoraaladii hore ee far Somali

Maahmaah

Furriin silloon

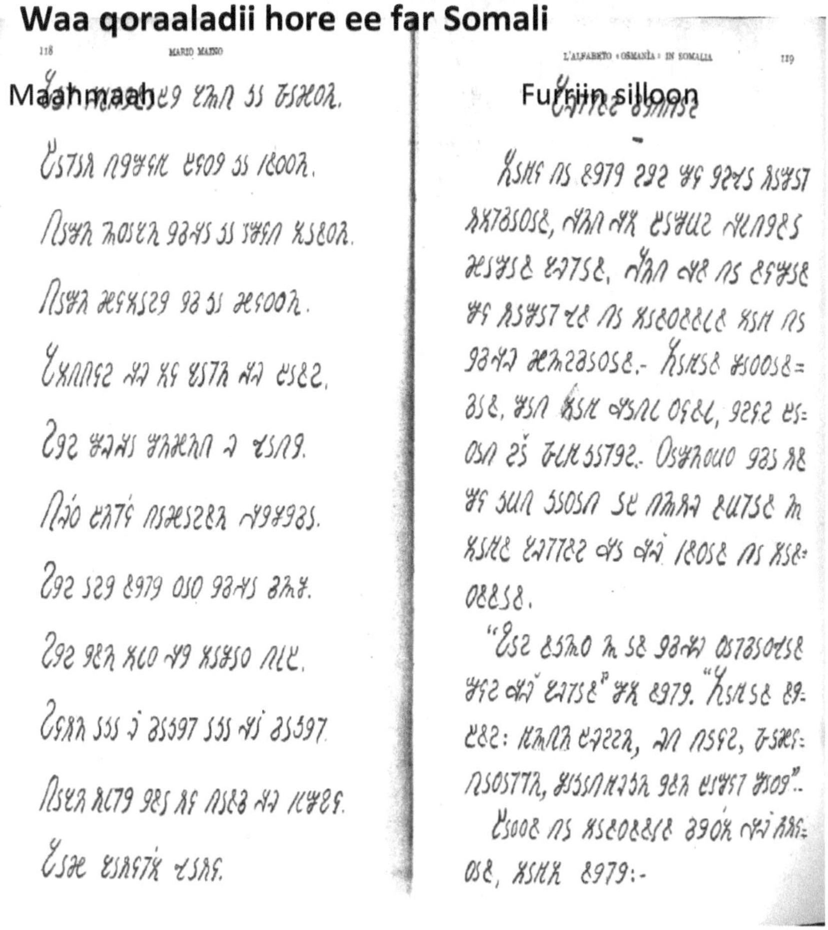

118
MARIO MAINO
L'ALFABETO «OSMANIA» IN SOMALIA
119

Waa qoraaladii hore ee far somali

Waxay ku qoran yihiin buugga **M. Maino**

Furriin silloon

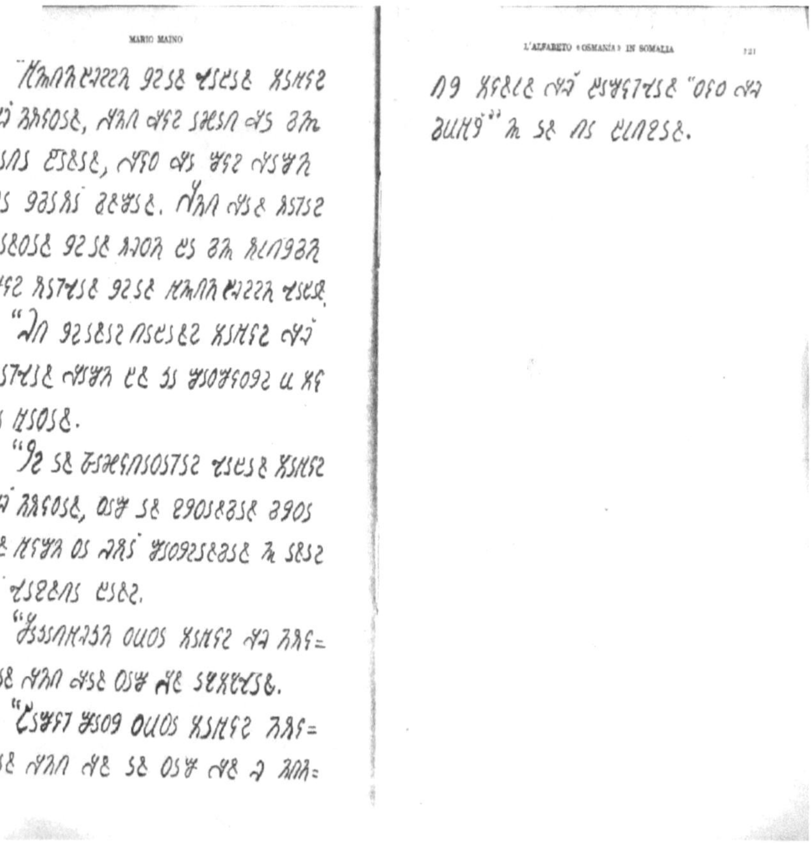
MARIO MAINO
L'ALFABETO «OSMANIA» IN SOMALIA
121

Qoraalkii Mario Maino Far soomaali Turjumid

Waa turjumaad qoraaladii hore er farta cismaaniya ee ku qornaa buuggii uu qoray Prf. M. Maino ee L'Alfabet Osmania in Somalia.

Maahmaahyo

Aan hadalno waa aan heshiino
Kabbo uur ku madal leh
Run iyo been kala raad leh
Uurjiif habarti ku gowracan
Horseed hagar kuma maqna
Darandoorriyaaba naasnaasi
Xogwarran xil kaama feydo
Tagto daayoo timaaddo hay
Haddaad xoog weyday xirib ma weyday
Dagaal waa kadare rag isbartaase waa door
Gole waa saymo
Nin ciil qaba lagama adkaan
Far kaliyahi fool ma dhaqdo
Harag libaax haadi ma jiiddo
Labo oodofo iskama abaal weydo
Labo qaawani isma qaaddo
Fuulaanku waa fara ku hayyn
Nin buka boqol u tali
Lud horaa laqanyo kicisa
Nin ani yiri dad iska sooc
Nin iyo wadki wacad leh
Naago ama u Samir ama ka samir
Lafo geri ayagaa la isku jabshaa
Faq fagaaruu tagaa.

Furriin silloon

Waxaa la yiri nin baa inta gabar guursaday, kolkuu habayn keliya qabay furay. Kolkii la yaabay baa gabartii la weydiiyey waxa la isku qoonsaday. Waxay caddaysay wax kale daaye inaan hadal na dhexmarin. Dabadeed isagii baa meel madal ah loogu yeeray oo wixii furriinka ku jiiday la weydiiyey. “Shan iimood oo ay isku darsatay baa ku furay” buu yiri.

Waxay yihiin arrimuhu:

1. Xoolo hunno
2. Ul la’aan
3. Dhaqaalo daro
4. Camal xumo
5. habaar badi’

Haddii la weydiiyey siduu ku ogaaday, wuxuu yiri: Xoolo hunno inay tahay waxaan ku ogaaday, kolkaan aqalka soo galayhayey, kaadka baa kabaha idaga siibay. Kolkay garan weyday, inay gudaha soo galiso baan gartay inay xoolo hunno tahay.

- Ul inayan lahayn waxaa ku gartay kabihii ma badbaadin, ee waa la xaday.
- Inay dhaqaalo daran tahay waxaan ku gartay, dab ay shidaysay sida xaabada ugu badinaysay oo ayan u tashiilahayn.
- Camal xumadeeda waxaan ku ogaaday kolkay dabkii afuuftay.
- Habaar badideeda waxaan ogaaday, kolkii dabkii ololi waayey ku habaartay “Daad ku seexi” oo ay la haleeshay.

MARTINO MARIO MORENO

IL SOMALO DELLA SOMALIA

GRAMMATICA E TESTI

DEL

BENADIR, DAROD E DIGHIL

ISTITUTO POLIGRAFICO DELLO STATO

ROMA - 1955

Prof. Martino Mario Moreno wuxuu ahaa nin caalin afafka ah, af soomaaliga aad buu u danayn jiray, kuna dadaalay inuu baaritaan ku sameeyo lah'jadaha soomaaliya. Arimahaas wuxuu aad u dhex galay xilligii uu Talyaanigu soomaaliya maamulayey.

Buuggiisa Il Somalo della Somalia, wuxuu ku sheegay, in Farta cismaaniya tahay mid si asiili ah loo curiyey oo uu Cismaan Keenadiid uu curiyey waana mid ku dhisan cilmiga luuqadaha, waxaana lagu sifayn karaa, in hanaankeeka dhawaaqyadu ay ebyoon yihiin, ama ay ku dhaw yihiin. Afkaan waxaa laga bartaa dugsiyo uu furay xisbiga SYL.

B. W. Andrzejewski 1968

B. W. Andrzejewski waa nin ingiriis ah oo ku takhasusay luuqadaha (Linguist) waxaa uu ku raacay sida uu qabay Martino Moreno (Il Somalo Della Somalia) oo ahayd, "Far Somali (Cismaaniya) waa far xuruufteedu aad u wanaagsan tahay, dhammays ah oo ay ku dhan yihiin wixii ay luuqadda Somalidu u baahnayd oo dhan, sida shibbanaha iyo furayaasha oo ah mid dheer iyo mid gaaban. Waxay kaloo leedahay shaqalada gaarka u ah codka af soomaaliga".

Evaluation Far Somali Alphabet (Cismaaniya)

Competent linguists have considered the Cismaaniya alphabet to be technically sound. Martino Moreno, in his book of Somali grammar and text, Il Somalo Della Somalia, claims that Cismaaniya is "an exellent alphabet, because it is phonetic, with accurate distinction of all the sounds-consonants and vowels, both long and short." Both he and phofessor Mario Maino have presented text in the Cismaaniya script written by Yaasiin Cismaan, son of the inventor of script. B. W. Andrzejewski, british linguist and today the foremost Westren scholar on the Somali language, agrees that the Cismaaniya script is accyrate. Futhermore, adherents of the Cismaaniya script were able to procure typewriters that could reproduce Cismaaniya.

Politics, Language, and Thought, David D. Latin, 1977 by universty of Chicago

Halgankii SYL iyo Farta Cismaaniya

ASAASSKII XISBIGII S.Y.L
Taariikh Kooban
Waxaa qoray
Daahir Xaaji Cismaan Sharmarke
Ottawa July 2004

Assaaskii Xisbigii S.Y.L waa Buug uu qoray Halgame Daahir Xaaji Cismaan Sharmarke

Daahir Xaaji Cismaan Sharmaarke AUN wuxuu ka mid ahaa 13kii aasaasay xisbigii dhalinyarada soomalida 1943. AUN wuxuu dhintay 2008.

Daahir Xaaji Cismaan Sharmaarke

Daahir Xaaji Cismaan wuxuu ku xussay buuggiisa yar ee SYL, muhimmada ay far Soomaaligu/Cismaaniya u lahayd xisbiga iyo shaqooyinkiisa.

Waxaa hadaladiisa ka mid ahaa: Habeenkii 15.05.1943 ayaa Yaasiin Xaaji Cismaan Sharmaarke soo hordlligay golaha barnaamijkii Xisbiga oo ka kooban 13 qodob. Qodobbadaas waxaa ka mid ahaa intaan ka xusuusto:

1. In loo halgamo, lana xaqiijiyo gobanimada iyo madaxbannaanidda ummadda Soomaaliyeed.
2. In shanta Soomaaliyeed la mideeyo, hal maamulna la isugu keeno (hal waddan laga dhigo).
3. In xoog la saaro tacliinta, siiba in lagu dadaalo wabarashda dhallinyarada, iyadoo la aaminsanaa inaan horummar iyo madaxbanaani la gaari karin tacliin la'aanteed.
4. **In af Soomaaliga la qoro oo weliba la qaato farta Cismaaniyadda, iyadoo fartaas loo arkayey inay tahay mid waddani ah.**
5. In shacabka lagu baraarujiyo halganka gobannimadoonka iyo madaxbannaanida.
6. In la tirtiro caadooyinka iyo dhaqamada foosha xun oo ay ka mid yilliin qabyaaladda, quursiga, iskała takoorka iwm.

Kuwaas ayey ahaayeen qodobadii ugu muhimsanaa. Qodobada haray waxay badi ku saabsanaayeen xeerhoosaadka iyo maamulka Xisbiga. Qodobada dhammaan waa la isku waafaqay.

Yaasiin Xaaji Cismaan Sharmaarke wuxuu kaloo noo soo jeediyey in la doorto Guddoomiy iyo Guddoomiye-xigeen.
Waxaan kiraysanay qolol oo aan u isticmaalnay xarunta Xisbiga iyo makhaayad shaah iyo kafee oo lacag jaban lagaga gado xubnaha xisbiga iyo weliba meel lagu dhegeeysto raadiyaha, laguna akhristo jaraa'idka si loola socdo akhbaarta adduunka.
Waxaan kaloo qaadnay tillaabooyin ku aadan nidaamka iyo maamulka xisbiga.
Shan ilaa lix bilood markuu xisbigu furanaa, ayaa waxaa dhacay qiso la yaab leh. Dhiisiga Ingriiska ayaa noo yeeray oo na tusay warqad ku qoran farta cismaaniya. Wuxuu yiri: "Warqaddaan waxaa laga helay jeebka nin shufto ah oo ciidamadu dileen. Sidaas daraadeed, waxaan idin farayaa inaad joojisaan hawsha xisbiga oo dhan ilaa iyo inta arrintaan laga baarayo, lagana salgaarayo inaad lug ku leedihiin iyo in kale".
Arrintii markii la baaray waxay noqotay warqad uu nin kaas la dilay ka helay xaaskiisa oo Gaalkacyo ku sugan, kana wareeysaneeysay xaaladdiisa iyo sababta akhbaar looga waayey.

Markaas ka dib ayaa naloo fasaxay hawshii xisbiga.
Taasi waxay ku tuşaysaa sida diiradda loogu hayey Xisbiga.

Qoraalkaan halgme Daahir Xaaji Cismaan wuxuu muujinayaa, in dhalinyarada Xisbigu dadka bari jiray farta cismaaniya iyo wuxuu kaloo muujinayaa in shicibka gobolka Mudug ay xilligaas horay uga gudbeen aqoon daradii qoraalka afka hooyo.

Goosanka Afka iyo suugaanta soomaaliyeed

1949 waxaa laga dhex aassaasay xisbiga SYL, guddi la yiraahdo Goosanka Afka iyo suugaanta Soomaaliyeed. Waxaa guddoomiye u ahaa taladaanna keenay AUN Yaasin Cismaan Keenadiid oo SYL u qaabilsanaa horomarinta Af Soomaaliga/luuqadaha, suugaanta iyo dhaqanka.

Guddigaas goosanku wuxuu waxku qori jiray farta Soomaaliga oo loo yiqiin Cismaaniya. Isla markaas waxaa ugu horreyntii guddigu ku dhaqaaqay, in si qorshaysan loo dejiyo ereybixin dhaqanka casriga la saanqaadi karata. Waxay ku dadaaleen iney ereybixin badan soo saaraan, ayna ka mid yihiin ereyo iyo weero maanta caadi inoo ah. Xilligaas waxaa dhib weyn ama khatar loo arkayey luuqadihii gumaystayaasha iyo luuqado kale oo soo dhex gala tan soomaalida. Guddigaan wuxuu ka koobnaa xul dhallinyaro ah oo waddaniyiin ah, u halgamayey gobonimada iyo midnimada Somaaliya.

Af soomaaliga iyo suugaanta oo la qoro, waxay u arkayeen inay tahay mid aad muhiim ugu ah ummadda soomaaliyeed oo xilligaas ku jirtay gobanimadoon. Waxay u arkayeen afku inuu yahay muhiin, oo laga nadiifiyo ereyada afafka qalaad. In kasta oo ay jirto ereyo af carabi ah oo ku dhex milmay af soomaaliga ereyadaas oo ubadan kuwo diini ah iyo magacyo. Waxay soo saareen, in af soomaaliga la adeegsado oo laga ilaasho idaacadaha afka qalaad oo idaacaddu, markay soomaali ku hadlayso aysan dhex galin eroyo shisheeye leeyahay. Ereyadii idaacaduhu adeegsan jireen: Good morning, good night lagu bedelo maalin wanaagsan iyo habeen wanaagsan, iwm.

Talooyinkii aasaaska u ahaa guddiga goosanka waa sidaan:

1. In la baaro iyo la uruuriyo buugta, kuwaas oo khuseeya luuqadda iyo dhaqanka soomaalida, si loo daraaseeyo oo la daabaco.
2. In cilmi baarid la sameeyo sidii loo horomarin la haa qoraalka af soomaaliga.
3. In loo adeegsado soomaaliga xiriirka bulshada oo dhan.
4. In luuqadda soomaliga lagu turjumo buugta ajaanibta oo wanaagsan.
5. In loo adeegsado soomaaliga waxbarashada sida luuqadda dhaqanka.
6. In la helo alaabata muhiimka u ah daabacaadda buugta ku qoran xuruufta af soomaaliga cismaaniya.

Erey bixintii Goosanka

-- Erey bixintu waa marka la raadinayo in af laga soo saaro erey hore ugu jiray oo markaas isticmaal hor leh la siiyo.

– Erey af qalaad oo aan afka soomaaliga ku jhirin oo markaas qaab dhismeed hor leh loo raadiyo.

– Erey af qalaad ka yimid wuxuu u baahan yahay oo keliya in la turjumo.

The Society for the Somali
Language and Literature

Goosan: The Society for Somali Language and Literature

Aadan cabdille Cismaan (Madaxweynihii u horreeyey ee Somalia)

Waraysi uu siiyey 'Il Nuovo Giornale' 12.02.1950
AUN Aadan Cabdille Cismaan wuxuu ka qayb qatay doodihii xilligaas sacday ee Afka soomaliga iyo horummarintiisa.

Afka soomaaligu wuxuu ka dhexeeyaa qowmiyadda soomaaliaya. Way jirtaa, in lahjado xoogaa kala duwan jiraan, laakiin lahjaduhu intooda badan waa isku mid wax aad u yar bey ku kala duwan yihiin. Afsoomaaligu oo ilaa wakhti aan sidaas u fogayn, nasiib darro, aan qornayn, tartiib-tartiib bey u yaraanaysaa haatan luggooyadaa, iyadoo qoraa soomaali ah oo hormuud ah magaciisu Cismaan Yuusuf Keenadiid, oo reer Hobyood ah, uu hindisay far fududaynaysa qorista Af soomaaliga, sida (fiiri Marcello Orano-Vocabolario italiano e somalo). Af soomaaligu wuxuu lee yahay raggiisa gabya oo faxan ah, oo ka faallooday deeqsinnimada, geesinnimada iyo quruxda oo dadkooda ku guubaabiyey xorriyadda iyagoo haaraamaya fulennimada.

Raggaa oo tiro badan waxaan ka xusuustaa:
Xaaji Maxamed Cabdulle Xasan (il Mullah),
Xaaji Cismaan Sharmaarke,
Khayre Gabay,
Qammaan Bulxan,
Bullaale Cali Shiil,
Cali Dhuux (Cali Aadan Goroyo),
Cabdi Gahayr,
Faarax Shuuriye Daarood, qaarkood hadda waa nool yihiin.

Raggaan Waxay nooga dhigan yihiin sidaad idinku u xushmadaysaan (haddaad tihiin Talyaani iyo Ingiriis) Dante

Alighieri oo qorey Davina Commedia), Shakespear, Lord Bayron, Leopardi (Giacomo, Gabyaa).

Waxaa shaki la'aan ah in raggaan reer Yurub dunida magac dheer ku leeyihiin, kuwa soomaaliduna magacooduna aan ka gudbin xuduudda dalkooda. Raggaan soomaaliyeed halabuurkooda waxay ku ammaanadaysteen xusuusta shacabigooda.

Waa qayb ka mid ah doodihii ka bilowday waddanka soomaaliya xilligii Maamulkii Dardaaranka UN-ta ee 01.04,1950. Waxaa bilowday si rasmi ah ha loo qoro afka soomaaliga ama carabiga.

Waa tusaale Aadan Cabdille Cismaan oo ka mid ahaa aqoon yahanada waddan xilligaas.

Aadan Cabdulle Cismaan AUN

Xasan Cali Mire

Aqoonsiga Af-soomaaliga oo ah afkii hooyo. Xasan Cali Mire AUN wuxuu ka mid ahaa SYL guddigii Goosanka. Waraysi uu siiyey joornaalka 'Corriere della Somalia' 08.05.1950.

Laga bilaabo qabsashada Reer Yurub dalkeenna, haybaddii suugaaneed ee afkeenna way sii gureysay, waxaana ugu wacan gumaysiga siyaasaduhu ku socday, isagoo mar walba diiddanaa jiritaanka suugaan soomaaliyeed. Waxaa intaa dheer, siyaasadda aan kor ku xusay waxay adeegsatay awood iyo culays kasto ay leedahay, siday ummadda soomaalida loogu ajburi lahaa in af carbeed loo rasmiyeeyo, lagana dhigo luuqadda dugsiyada wax lagaga barto.

Weliba, waan ka xumahay inaan xuso in siyaasaddaa ay galaafatay dad badan oo aqoon leh, iyadoo ka dhaadhicisay dareenka aan saxda ahayn in afkeennu uusan ehel u ahayn adeegsiga culuumta casriga ah kolka la barbar dhigo afafka horummarsan.

Maskaxdaa iyo kuwa la midka ah ayaa ugu wacan luggooyada loo geystay afkeenna, oo laga hor joogsaday in la horummariyo oo la aqoonsado.
Waxaan doonayaa, haatan inaan dad weynaheennau soo bandhigo afkaarta la xiriirta afka. Waxaan caddaynayaa, ahmiyadda iyo faa'iidooyinka ay lee dahay qoridd afkeenna hooyo: Dhammaanteen afka weynu wada naqaan
- Waxaynu wada danaynaynaa suugaanteenna hodonka ah
- Annagoo kaashanayna farteenna soomaaliyeed, inaynnu cabbirno dareenkeenna iyo afkaarteennaa, si aan ugu gaarnnu cilmi iyo waxbarasho.
- Muhiim bey inoo tahay inaan ku dadaalno afkeenna iyo qoriddiisa.

Haddii afkaa ahmiyad dadku siinayaan, waxaa u sabab ah, inuu yahay afafka diinta Islaamka. Sidaa aawadeed waa garasho darro in loo qaato afka hooyo.

Ugu danbeyntii waxaan ku rajo weynahay in arrintaan (afka) si aad ah loo darso lagana gaaro go'aan docna u janjeerin.
Waxaan rajaynayaa inuusan qofna u malaynin in qoraalkaygaan ula jeedo inaan af ingiriis ku daafacayo. Qoraalkaan waxaa ku daafacayaa maslaxadda afka dalkayga, taas oo ah af soomaaliga.

Xasan Cali Mire AUN

Muuse Xaaji Ismaaciil Galaal

Xamar 13. March 1966 to UNESCO

Muuse Xaaji Ismaaciil AUN wuxuu qoray qoraal dheer oo uu kaga hadlay qoritaanka afka soomaaliga, iyadoo xilligaas ay jirtay doodo badan oo ku saabsan sidii rasmi looga dhigi lahaa afka soomaaliga.

Qoraalkaas aad buu muhii u yahay dhanka afka soomaalida. Qoraalkaas wuxuu ku xusay farta cismaaniya iyo hawshay soo qabatay siday tahay. Hadaladiisii sidaan bey ahaayeen:

Lama dafiri karo in Cismaan Yuusuf uu tallaabo dheer qaaday ee horummarinta qoraalka afka soomaaliga sababahaan baa muujinaya.

1. Cismaaniyadu waxay leedahay xarfo ku filan qoridda lahjadaha soomaalida badidood, kuwaas oo ay ku hadlaan gobolada woqooyiga iyo laga soo bilaabo gobolka Bari ilaa labada webi dhexdooda.
2. Dhinaca shaqalada 2 xaraf ayay cismaaniyadu afka carabiga dheer tahay
3. Calaamado xarafka la kor dhigo ama la hoos dhigo ma laha farta cismaaniya.
4. Xarfahoo dhan waa isku sawir oo ma laha xaraf la weyneeyo (capital)

Farta Cismaaniya markay soo shaac baxday waxay walaac weyn ku dhalisay taliskii fashiistihii oo waagaa ka jirey gobollada koofureed ee Jamhuuriyadda Soomaaliya.

Aad bey uga digtoonaayeen in dagaal uga yimaado soomaalida, maadaama reer Yurub ay 25 dagaal kula jireen

Daraawiish. Sidaa darted cismaaniyada waa mamnuucay taliskii Talyaanigu oo xukun buu dul dhigay. Fartu waxay soo noolaatay markuu curtay Xisbigii SYL 1943, markaas bey farta cismaaniya heshay taageero xagga dhallinyarada soomaalida. Waana xilligii uu xisbiga SYL u adeegsanayey farta cismaaniya howlahooda siyaasadeed ee qarsoodiga u ah.

Markii xigtay oo farta cismaaniya, dagaal weyn lagu qaaday, 'Liifadda loo gaabiyey', waxay ahayd markii ay faafiddeeda ka hor yimaadeen wadaaddo soomaali ah xag jir ah.

Isla wakhtigaa waxaa jiray dhibaatooyin farsamo ceejinayey qoraalkeeda (dhanka dhaqaalaha).

Qiimaha cilmiyeed ee fartaan leedahay waxaa lagu faah-faahiyey Xog warrankii uu soo gudbiyey guddigii ay xukuumaddu u magacowday xornimadii ka dib 1961.

Muuse Xaaji Ismaaciil Galaal AUN

1935 - 2008

Xirsi Magan Ciise

Xirsi Magan AUN wuxuu dhashay 1935, wuxuu ka mid ahaa soomaalidii ugu horreysay oo Maraykanka jaamacadda Columbia wax ku soo baratay. Wuxuu bartay luuqadaha, cilmiga dadka naftooda, caadooyinka, waxay rumaysan yihiin iyo xiriirka dadka. Xirsi Magan wuxuu hormood ka ahaa oo uu hoggaan ka ahaa dad ka soo shaqeeyey luuqadda soomaalida iyo farteeda cismaaniya.

On the origin of the Somali Alphabet:- **by Hersi Magan Isse**

1. The Background:- Before the second half of the 19 th century the Somalis in the Horn of Africa were not divided into British, Italian, French, Ethiopian, and Northern Frontier District known (NFD). It consisted areas ruled by Kings, Sultans, and clan Lords without boundaries among them. The trade movement was mainly Camel caravans, and the communication was 99% in poetry.

The remaining 1% was Arabic letters. The messages in poems were either memorized or recorded in Arabic. However, since there are twenty vowels in Somali language and Arabic has only six vowels, recording Somali messages in Arabic proved impossible.

2. The Inventor of the Somali Alphabet:- In 1920 a young poet named Osman Yusuf Kenadid proclaimed to have invented a phonetic alphabet for recording the Somali language accurately. He had amazingly discovered that there were twenty consonants, twenty vowels, two semi-vowels and a supra-segment phoneme. To each value he assigned a distinct sign – thus, a highly Somali phonemic alphabet was borne.

3. The Obstacles :- The popular belief that the Arabic writings, (the script of the Qur'an), was sacred and a new script may bring with it apostasy was the first obstacle. Therefore, the Authority banned it. The ban was not effective since people badly needed writings of their messages and it continued to spread until the Fascist government of Italy totally banned it though the duration of the ban became brief.

During the ten-year period of British Military Occupation, 1940 to 1950, the Somali Alphabet with a relative speed spread throughout the Horn of Africa. The main handicap was lack of printing materials. The then biggest political party, Somali Youth League, adopted it and taught it in its elementary schools promising to make it the National Script when the country attains its independence.

4. The Total Effective Ban:- In 1967 the first printing press and typewriters were introduced. The manufacturers offered cheaper prices than the ones offered by the Latin Script printing press materials because of the new market for the Native Script. The Coup D'etat of the 1969 adopted the Latin Script and totally banned the native script. The ban was so effective that even those

who knew no other scripts but it were afraid of writing it for fear of imprisonment.

5. The Universal Lift of the Oppressive Ban:- On the 4 th September 2002 the Lord of the creation and cultures, praise be to Him, lifted the thirty years oppressive ban on the Somali Alphabet and its digital fonts were universally proclaimed through the global internet. Thus, Allah, glory to Him, preserved the most important element of the Somali culture which is the bench mark of their civilization because, "there is no civilization without writing and there is no writing without civilization," a grammatologist remarked.

6. Gradual Replacement:- Since there is no obstacle of using the Somali native alphabet in writing the Somali language, by the leave of Allah, the most high, it will inevitably replace the current ill-adopted foreign alphabet i.e. latin, though the replacement will be gradual. On the one hand the Somalis Today, specially the diaspora scattered all over the globe are eager to cling any identifying element of their national culture such as their native alphabet and they will be proud of it.

On the other hand, they will discover that the Latin alphabet was misused with the Somali language in that **fifteen vowels, four consonants, two semi-vowels and the supra-segmental phoneme** were not represented. The Latin alphabet was introduced to the Somali language in 1972 and Somali alphabet was re-introduced in 2002 .i.e. thirty years in between. By 2032, thirty years from 2002, with the help of Allah, glory to Him, the replacement will be total and Somalis will remain proud of their unique alphabet.

Joornaalkii Goosanka Afka Soomaaliga

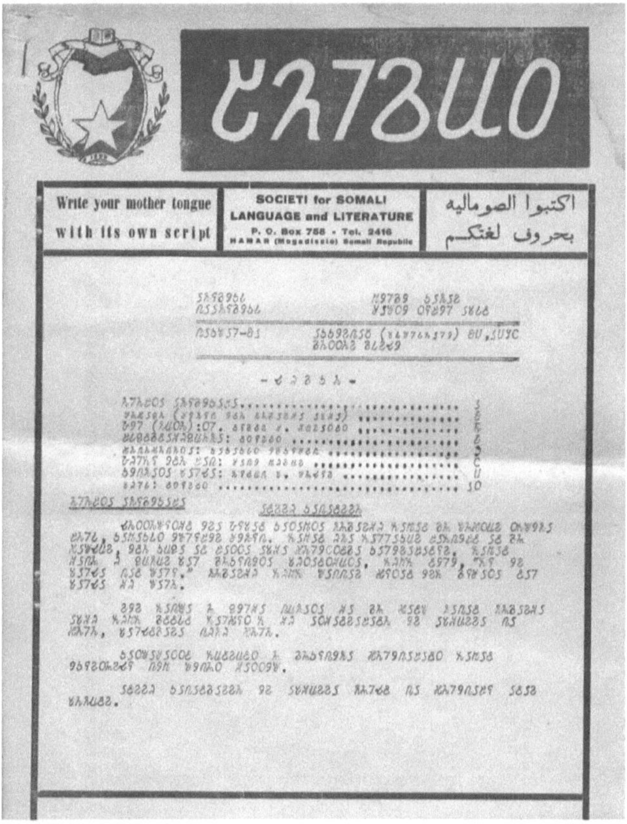

Write your mother tongue with its own script

SOCIETI for SOMALI LANGUAGE and LITERATURE
P. O. Box 758 - Tel. 2416
HAMAR (Mogadiscio) Somali Republic

اكتبوا الصومالية بحروف لغتكم

Waa joornaalkii afka soomaaliga ku soo bixi jirey intii ka horreysay 1969. Waxaa qori jirey guddi la magan baxay GOOSANka af soomaaliga.

Magaca Joornaalku waa: HORSEED

Agaasime

Xirsi Magan Ciise

La agaasime

Cabdi Dahir Afey

Lambarka-21

Aminla' (Feberwari) 29.1968

Soddon Senti

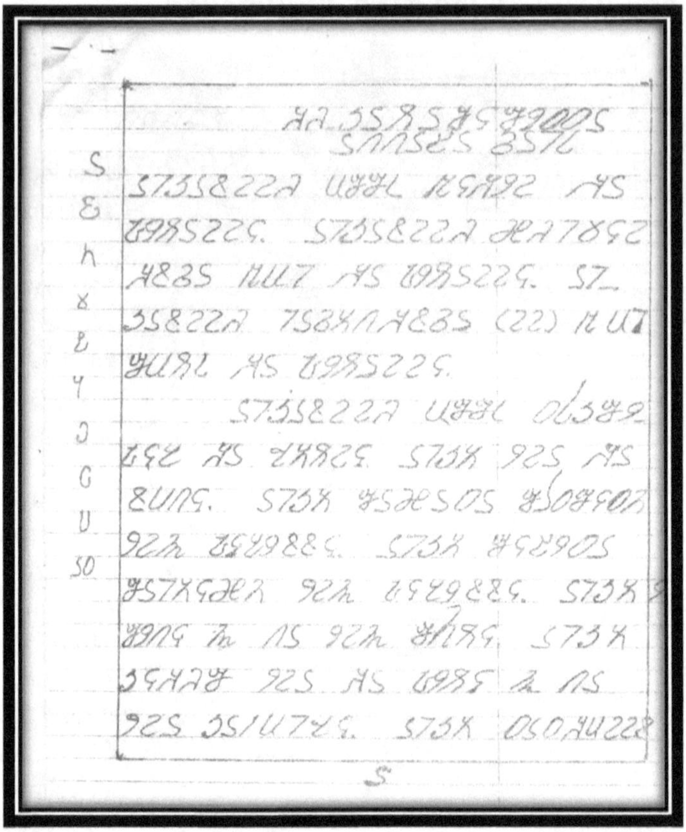

Waxaa qalin ku qoray warqaddaan Xirsi Magan Ciise.

Ku magaacaabidda Allaha sare

1. Armaynu Eebbe Xaakim ka dhiganaa 2. Armaynu quraankiisa xeer ka dhiganaa. 3. Armaynu Rasuulkiisa (NN) xeer beege ka dhiganaa. 4. Armaynu Eebbe danbi dhaaf ka tuugnaa. 5. Armuu inaka yeelaa. 7. Armuu baahida barwaaqo inoo dhaafiyaa. 8. Armuu ina bilaa oo la inoo bogaa. 9. Armuu maakub inaka dhigaa oo la ina majeertaa. 10. Armuu dadkeenii dalaabay dib u soo dabbaalaa ().

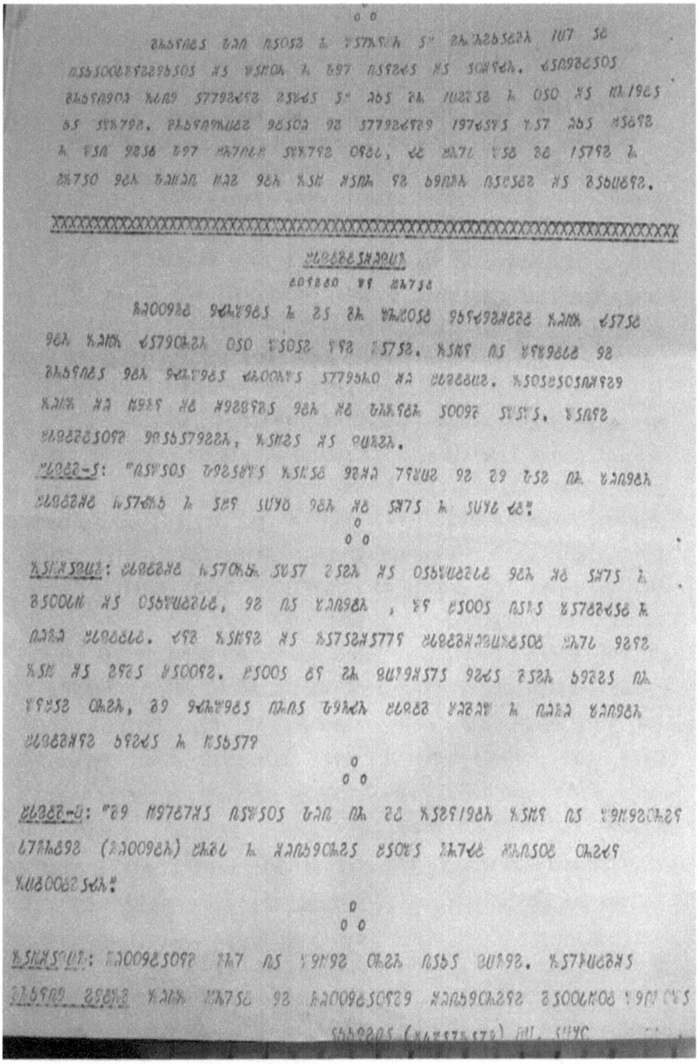

Joornaalkii Horseed

HESHIISKII SOMALIA IYO ETHIOPIA OO DHAMMAYSTIRAN.

Joornaakii Horseed ee soo baxay 29. Amminla' 1968
Waxaa ku soo baxay qoraal ku saabsan heshiisyadii ay wada galeen Somalia iyo Ethiopia.
Heshiiskaas wuxuu ka koobnaa 7 qodob oo sidaan ah:

1. Labada waddan waxay ku heshiiyeen, in la fuliyo heshiiskii Khartuum 1964 iyo kii Akra 1965
2. 2. Si labada waddan xiriirkooda loo wanaajiyo, waxaa la magacaabayaa ergooyin kulamo yeesha oo arimahaan dhaqan galiya.
3. In la soo nooleeyo heshiiskii Khartuum ee ahaa in la dhiso guddi askar ah oo labada dhinac ka kooban si ay shaqadooda u bilaabaan.
4. Hantidii la kala qabsaday mid guud iyo mid gooniyeedba, in la isku cesho oo qaybta hore la isku celiyo 28.03.1968.
5. Labada dhinac waxay sii xoojinayaan heshiiskii Addis Abbeba oo ku saabsanaa, in qolo walba ay ka qaado ciriiriga dadka dhulkooda jooga ee dhinaca kale ah.
6. Waxay isla garteen, in xiriirku sii fiicnaaday iyo in kulan lagu qabto Ethiopia.
7. Labada dhinac waxay isla garteen, in la sii adkeeyo heshiisyadaan ku bilowday Kinshasa sanadkii dhaweyd. Labada dhinac waxay filayaan in ay soo af jaraan wadahadalkaan si loogu gudbo fadhi sare oo looga hadlo arrimaha waaweyn.

Madaddaalo
𐒑𐒖𐒆𐒖𐒆𐒆𐒛𐒐𐒙

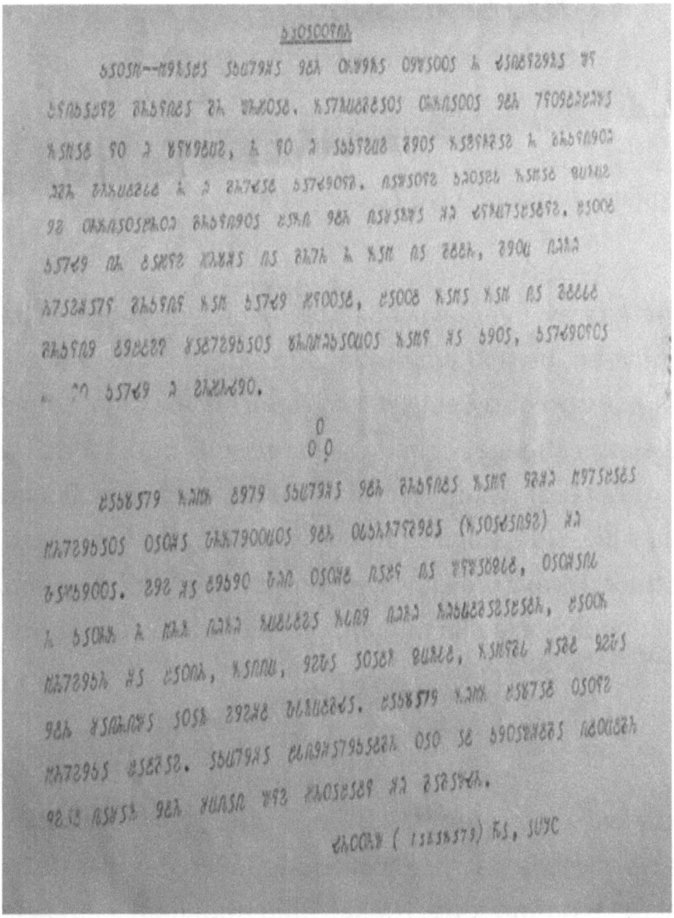

Qoraalkaan wuxuu qayb ka yahay joornaalkii aan kor ku xusnay ee HORSEED oo farta Somali (Cismaaniya) ku soo bixi jiray. Qoraalkaan oo farta soomaaliga latin ku turjuman bogga xiga ka akhriso.

Madaddaalo

ƽSOSOOϚՈƞ

ƞOOƞƷ hS,SUЧC

toddob (January) 31 1968

Madax-xigaha Ameerika iyo duubiga dibadda oo Talyaaniga baa magaal

adaan soo gaaray. Wargaysyada dowladda iyo raadiyuhuba waxay aad u faafiyeen, oo aad u ammaaneen sida wanaagsan oo soomaalidu u soo dhoweeysey oo u soortay martida. Labadaan mudane waxay sheegeen, in dowladahoodu soomaalida hawl iyo lacagba ku taageerayaan. Haddii marti loo yaqaan qofka la sooro oo wax la siiyo, sidee lagu oran karaa soomaalaa wax marti qaaday, haddii waxa wax la siiyey soomaali yihiin? Cayrnimada foolxumadeeda waxaa ka mid ah, martidaada oo aad marti u noqotid.

***

Humphrey wuxuu yiri Ameerika iyo Soomaaliya waxaa isku xirahaya xornimada dadka dhowriddeeda iyo demograasiya (wadatalin) ku dhaqmidda. Ninka yimid dhul dadkii lahaa la baaba'shey, dad kale oo madoow oo xoog lugu geeyeyna wali lagu gumaysanahayo, hadduu xornimo ka hadlo, wallee, indha adayg sheegey. Waxaase ka sii indha iyo caloolba adag ninkii dhegeeysta. Humphrey wuxuu hafray dadaan xornima haysan. America heli karimayso dad ay midabkiisa liidayso inay lacag iyo ceelal baan qodahayaa ku sasabto.

Society for Somali
Language and Literature
P.O.Box 758 -Tel.2416
Hamar (Mogadiscio) Somali Republic

February 26, 1968

The Congress Man
Somali Youth League

SUBJECT: Writing the Somali Language

Dear Congress Man,

On behalf of the Society for Somali Language and Literature, I congratulate you and your party on the successfull convention of the twenty-fifth congress.

As the wellbeing of this young nation is entrusted to you, the following three points call not only for your consideration but for your prompt action.

1. It is not an exaggeration that Somalia is under-underdeveloped country. One of the evil characteristics of the underdeveloped countries is a large scale of illiteracy. Only a successfull attack against illiteracy is a precondition for significant growth and development. It is a truism that the Somali illiteracy rate cannot be effectively attacked without writing down their language.

2. I assure you, Mr. Congress Man, that the Somali language has a perfect, native script. It has no dots, no dashes, no crosses and no doublings. It is so accurate, so economical, and so efficient that it is far more superior to the proposed foreign scripts. (see the attached periodical.)

Just like the national flag, this script is the symbol and the distinctive identity of the Somali nation. It enhances their pride and prestige, as the Somalis are known proud people. Historically, it testifies that the Somalis were highly civilized before the arrival of Europeans, since the invention of writing is the highest mark of civilization. Remember, you can buy tanks and MIG fighters, but never cultural elements such as script, music and fine arts.

3. Finally, the Society for Somali Language and Literature has already brought the simplest, the cheapest, and yet the best and latest models of the Somali typewriters. By far the most important is that the Somali printing press, the first type of its kind, (INTERTYPE; the latest and best printing type in the world) is arriving at Mogadiscio by August 1968.

Historically, this is very important and decisive. However, what is more important than the arrival of the press is that you, the responsible group of the Somali Youth League, will take the opportunity of utilizing it.

Wishing you and the Congress success.

Truly yours

Xirsi Magan Ise
President

Warqaddaan waxaa qoray Xirsi Magan Ciise (AUN). Wuxuu u qoray Ra'iisulwasaare Xaaji Moxamed Ibraahim Cigaal 26.02.1968.

Adeegsigii farta (isgaarsiinta warqadaha)

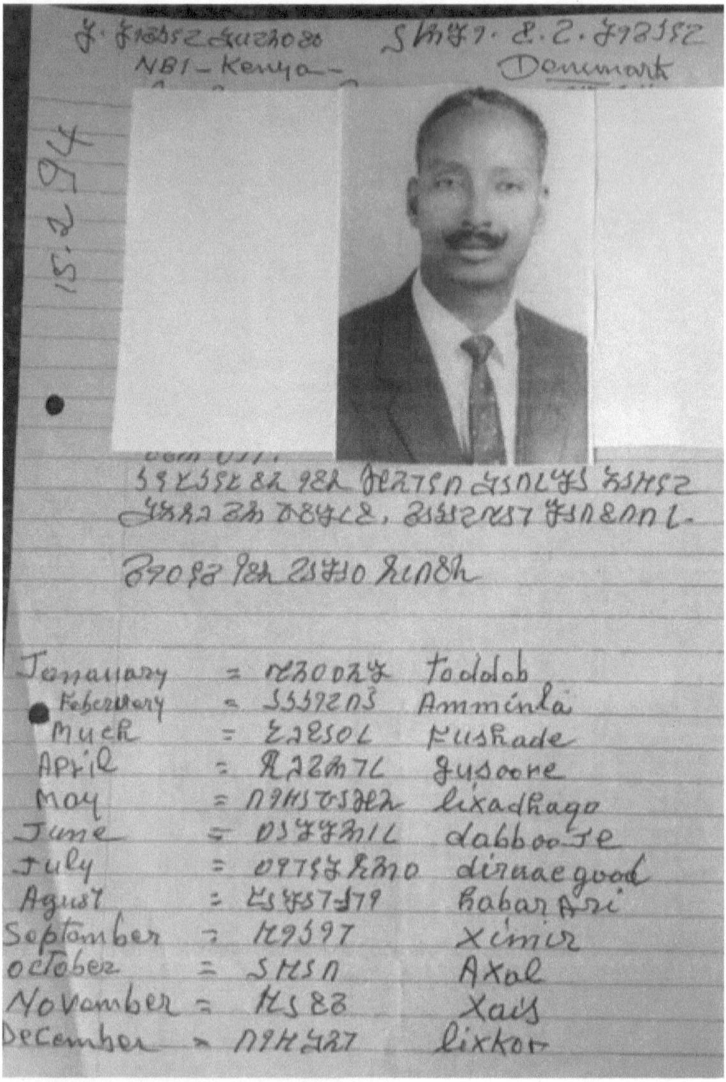
NBI – Kenya
Denmark
15.2.94
Janauary = Todolab
Feberuary = Amminla
Much = Kushade
April = Gusoore
May = Lixadhago
June = Dabboore
July = Dirnaegood
Agust = Habar Ari
September = Ximir
October = Axal
November = Xais
December = Lixkor

Ka.: *Cabdullaahi Cismaan Keenadiid (AUN)*

Ku.: Yuusuf Nuur Cismaan (Daabacaha Buuggaan)

Taariikh:15.04.1994. Warqadda qaybta hoose waxaa ku qoran magacyada bilihii soomaalidu isticmaali jirtay.

Ujeedku waa ilaalinta afka soomaaliga. Bilaha magacyadoodu waxay ku qoran yihiin far Soomaali iyo Far Somali Latin.

Waa magacyada bilaha soomaalida, waxay ku salaysan yihiin xilliyada roobka, jiilaalka, xidigaha iwm.

Waa warqaddii asalka oo dib loo qoray (Typping)

Latin	Soomaali Cismaaniya	Soomaali Latin
January	𐒂𐒙𐒆𐒆𐒙𐒁	Toddob
February	𐒖𐒑𐒑𐒘𐒒𐒐𐒖	Amminla
March	𐒍𐒚𐒉𐒖𐒆𐒗	Fushade
April	𐒌𐒚𐒈𐒝𐒇𐒗	Gusoore
May	𐒐𐒘𐒄𐒖𐒊𐒖𐒎𐒙	Lixadhaqo
June	𐒆𐒖𐒁𐒁𐒝𐒃𐒗	Dabbooje
July	𐒆𐒘𐒇𐒛𐒋𐒌𐒝𐒆	Diraacgood
August	𐒔𐒖𐒁𐒖𐒇𐒖𐒇𐒘	Habarari
September	𐒄𐒘𐒑𐒘𐒇	Ximir
October	𐒖𐒄𐒖𐒐	Axal
November	𐒄𐒖𐒕𐒈	Xays
December	𐒐𐒘𐒄𐒏𐒙𐒇	Lixkor

UN Human Rights

Aadanaha xuruuqdiisa ee Jamciyadda quruumaha

Ogaysiin caalami ah ee xuquuqda aadanaha

1948 Markii jamciyadda quruumaha ay soo soortay qodobka xuquuqda aadanaha oo ah aadanuhu inuusan isku xad gudbin. Soomaaliya xilligaas ma la hayn dowlad. Soomaalia waxay geysay qoraal, waxaana uga qayb galay ururkii SYL.

Waddan kasta afkiisa buu ku qorayey qodobkaas xuquuqda aadanaha iyo cajalad laga duubayo.

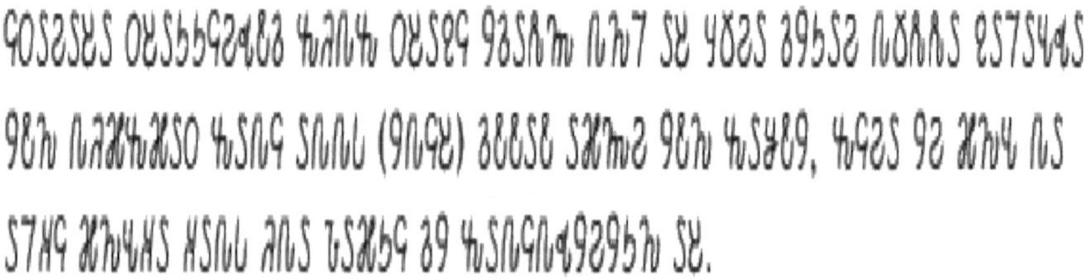

Article 1: Innate freedom and equality

All human beings are born free and equal in dignity and rights. They are endowed with reason and conscience and should act towards one another in spirit of brotherhood.

Aadanaha dhammaantiis wuxuu dhashaa isagoo xor ah kana siman xagga sharafta iyo xuquuqada. Waxaa Alle (Ilaah) siiyay aqoon iyo wacyi, waana in qof la arkaa qofka kale ula dhaqmaa si walaaltinimo ah.

SYL waxay geysay UN-ta warqaddaan.

UN Human Rights

The Universal Declaration of Human Rights

HIGGAADDA FAR SOOMAALIGA

TUSAALE

[illegible]

[illegible] — [illegible] **Tusaale - latin**

[illegible]	Leeddo (fure) gaaban
[illegible]	a, e, i, o, u
[illegible]	Af
[illegible]	erey
[illegible]	il
[illegible]	Ogaan
[illegible]	ubax

[illegible] - [illegible] **Tusaale - latin**

[illegible]	Leeddo (fure) dheer
[illegible]	aa, ee, ii, oo, uu
[illegible]	Aar
[illegible]	eex
[illegible]	iid
[illegible]	Oof
[illegible]	uubato

Baahida 10 fure (koorayaal)

Koorayaal

Waxaa kaloo ka mid ah furayaasha farta cismaaniya koorayaal oo u gaar ah fartaas, koorayaashu waxay noqotay, in la isticmaalo markii ay ku fillaan waayeen tobanka leeddo/fure. Leeddadii/Furayaashii baa koore la saaray laba dhibcood. Farta soomaaliga ee Latin-ka koorayaal malaha. Waxaa halhays u ah markii codka iyo qoraalku kala fogaadaan: "Isku dhigid kala dhihid". Fartaan cismaaniya halhayskeedu waa "Isku dhigid ma aha isku dhihidna ma aha". Sidaas bay ku timid in 10 dheeri ah loo sameeyo qoraalka cismaaniya, waxaa lagu magacaabaa koorayaal. Waa 5 koore oo gaaban iyo 5 koore oo dheer ah. Khubaradii luuqadaha waxay farta cismaaniya ku xuseen, inay u samaysay fureyaal daboolaya codadka soomaalida oo dhan. Sidaas bey ku mutaysatay tilmaanta ah inay tahay far la dhammays tiray. Muhimadda ugu weyn ee far lagu qiimeeyo waa markii ay cododka luuqadda u samaysay higgaad/furayaal. Koorayaasha 10 fure ah (S̈, L̈, G̈, Ḧ, Ä) (Ç̈, Ü, Ë, M̈, K̈) waxay daboolayaan codod tiradoodo la mid tahay cododka ya dabooleen 10 fure ee leedada ah.

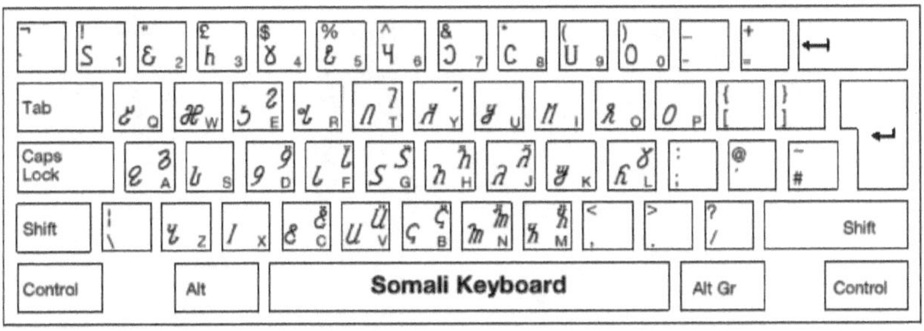
Tab
Caps Lock
Shift
Shift
Control
Alt
Somali Keyboard
Alt Gr
Control

Looxa farta

[illegible] koore

[illegible] - [illegible] **Tusaale - latin**

[illegible]	**koore gaaban**
[illegible]	Maqan

[illegible] - [illegible] **Tusaale - latin**

[illegible]:	[illegible]	xaashi cad
[illegible]:	[illegible]	cad hilib ah
[illegible]:	[illegible]	dhebi
[illegible]:	[illegible]	dhebi; geed
[illegible]:	[illegible]	di̱rir (dagaal)
[illegible]:	[illegible]	di̱rir (xiddig)
[illegible]:	[illegible]	or (yabaq)
[illegible]:	[illegible]	orgi
[illegible]:	[illegible]	fure
[illegible]:	[illegible]	tuke

[illegible] - [illegible] **Tusaale - latin**

[illegible]	**koore dheer**
[illegible]	Maqan

[illegible] - [illegible] **Tusaale - latin**

[illegible]:	[illegible]	taag (itaal)
[illegible]:	[illegible]	taag (sare)
[illegible]:	[illegible]	dameer (dheddig)
[illegible]:	[illegible]	dameer (lab)
[illegible]	[illegible]	jiir (dhul sareeya)
[illegible]:	[illegible]	jiir (bahal ama hilib aan baruur lahayn)
[illegible]:	[illegible]	xoor (xunbo)
[illegible]:	[illegible]	xoor (bahal)
[illegible]:	[illegible]	tuugmo (baryo)
[illegible]:	[illegible]	tuug (taroox)

[illegible]

Kala duwanaanta Leeddo iyo Koore

[illegible]	Leeddo	[illegible]	Koore
[illegible]	baad (xoogid)	[illegible]	baad (caws)
[illegible]	beer (dhul)	[illegible]	beer (xubin)
[illegible]	bur (badar)	[illegible]	bur (Ul)
[illegible]	burcad (subag)	[illegible]	burcad (tuugo)
[illegible]	taag (itaal)	[illegible]	taag (meel sare)
[illegible]	tuur (lo'da)	[illegible]	tuur (timo)
[illegible]	jaan (harag)	[illegible]	jaan (caano)
[illegible]	jeer (nafley)	[illegible]	jeer (goor)
[illegible]	jiir (babac)	[illegible]	jiir (bahal)
[illegible]	xoor (xunbo)	[illegible]	xoor (bahal)
[illegible]	xamar (midab)	[illegible]	xamar (geed)
[illegible]	daaf (dhinac)	[illegible]	daaf (jiro)
[illegible]	dameer (dheddig)	[illegible]	dameer (lab)
[illegible]	dibir (legdin)	[illegible]	dibir (dhul)
[illegible]	raar (gudaha)	[illegible]	raar (gogol)
[illegible]	saqaf (shanlo)	[illegible]	saqaf (kore)
[illegible]	gabbal (bar)	[illegible]	gabbal(dhac)
[illegible]	gacan (xubin)	[illegible]	gacan-maroodi
[illegible]	gar (xeer)	[illegible]	gar (timo)
[illegible]	gees (doc)	[illegible]	gees (lo')
[illegible]	gool (cayil, dh.)	[illegible]	gool (cayil lab)

[illegible]	dhug (maan)	[illegible]	dhug -cudur
[illegible]	cad (midab)	[illegible]	cad (hilib)
[illegible]	calaf (kab)	[illegible]	calaf (cunto)
[illegible]	fiid (xay)	[illegible]	fiid (habayn)
[illegible]	fool (xanuun)	[illegible]	fool (ilig)
[illegible]	qaan (mag)	[illegible]	qaan (geel)
[illegible]	qaar (ul)	[illegible]	qaar (qayb)
[illegible]	kaalin (shaqo)	[illegible]	kaalin (ceelka)
[illegible]	kicin (baraarujin)	[illegible]	kicin(isbedel-circa)
[illegible]	laab (qalbi)	[illegible]	laab (leexsan)
[illegible]	luuq (meel)	[illegible]	luuq (cod)
[illegible]	maar (macdan)	[illegible]	maar (meesi)
[illegible]	mataan (dheddig)	[illegible]	mataan (lab)
[illegible]	neef (naacaw)	[illegible]	neef (xoolo)
[illegible]	nooli (naf)	[illegible]	nooli (lacag)
[illegible]	weer (erey)	[illegible]	weer (bahal)
[illegible]	waran (fidsan)	[illegible]	waran (qalab)
[illegible]	waxar (dhadig)	[illegible]	waxar (lab)
[illegible]	hayn (ammaano)	[illegible]	hayn (geed)
[illegible]	hohob(geed)	[illegible]	hohob(kebed)
[illegible]	yaabis (yaabid)	[illegible]	yaabis (engegan)
[illegible]	yeeris (cashar)	[illegible]	yeeris (yeerid)

[illegible]

Tusaale: **QODOB** ayaa la socda

[illegible]	[illegible]	[illegible]	[illegible]
baad	baad-ka	baad-ku	baad-kii
[illegible]	[illegible]	[illegible]	[illegible]
baad	baad-ka	baad-ku	baad-kii
[illegible]	[illegible]	[illegible]	[illegible]
Beer	beer-ta	beer-tu	beer-tii
[illegible]	[illegible]	[illegible]	[illegible]
beer	beer-ka	beer-ku	beer-kii
[illegible]	[illegible]	[illegible]	[illegible]
bur	bur-ka	bur-ku	bur-kii
[illegible]	[illegible]	[illegible]	[illegible]
bur	bur-ka	bur-ku	bur-kii
[illegible]	[illegible]	[illegible]	[illegible]
burcad	burcad-ka	burcad-ku	burcad-kii
[illegible]	[illegible]	[illegible]	[illegible]
burcad	burcad-da	burcad-du	burcad-dii
[illegible]	[illegible]	[illegible]	[illegible]
taag	taag-ta	taag-tu	taag-tii
[illegible]	[illegible]	[illegible]	[illegible]
taag	taag-ga	taag-gu	taag-gii
[illegible]	[illegible]	[illegible]	[illegible]
tuur	tuur-ta	tuur-tu	tuur-tii
[illegible]	[illegible]	[illegible]	[illegible]
tuur	tuur-ka	tuur-ku	tuur-kii

[illegible]	[illegible]	[illegible]	[illegible]
jaan	jaan-ta	jaan-tu	jaan-tii
[illegible]	[illegible]	[illegible]	[illegible]
jaan	jaan-ka	jaan-ku	jaan-kii
[illegible]	[illegible]	[illegible]	[illegible]
jeer	jeer-ta	jeer-tu	jeer-tii
[illegible]	[illegible]	[illegible]	[illegible]
jeer	jeer-ka	jeer-ku	jeer-kii
[illegible]	[illegible]	[illegible]	[illegible]
jiir	jiir-ta	jiir-tu	jiir-tii
[illegible]	[illegible]	[illegible]	[illegible]
jiir	jiir-ka	jiir-ku	jiir-kii
[illegible]	[illegible]	[illegible]	[illegible]
xamar	xamar-ta	xamar-tu	xamar-tii
[illegible]	[illegible]	[illegible]	[illegible]
xamar	xamar-ka	xamar-ku	xamar-kii
[illegible]	[illegible]	[illegible]	[illegible]
xoor	xoor-ta	xoor-tu	xoor-tii
[illegible]	[illegible]	[illegible]	[illegible]
xoor	xoor-ka	xoor-ku	xoor-kii
[illegible]	[illegible]	[illegible]	[illegible]
daaf	daaf-ta	daaf-tu	daaf-tii
[illegible]	[illegible]	[illegible]	[illegible]
daaf	daaf-ka	daaf-ku	daaf-kii
[illegible]	[illegible]	[illegible]	[illegible]
dameer	dameer-ta	dameer-ta	dameer-tii
[illegible]	[illegible]	[illegible]	[illegible]
dameer	dameer-ka	dameer-ku	dameer-ku

[illegible]	[illegible]	[illegible]	[illegible]
doob	doob-ta	doob-tu	doob-tii
[illegible]	[illegible]	[illegible]	[illegible]
doob	doob-ka	doob-ku	doob-kii
[illegible]	[illegible]	[illegible]	[illegible]
duluc	duluc-a	duluc-u	duluc-ii
[illegible]	[illegible]	[illegible]	[illegible]
duluc	duluc-da	duluc-du	duluc-dii
[illegible]	[illegible]	[illegible]	[illegible]
raar	raar-ta	raar-tu	raar-tii
[illegible]	[illegible]	[illegible]	[illegible]
raar	raar-ka	raar-ku	raar-kii
[illegible]	[illegible]	[illegible]	[illegible]
saqaf	saqaf-ta	saqaf-tu	saqaf-tii
[illegible]	[illegible]	[illegible]	[illegible]
saqaf	saqaf-ta	saqaf-tu	saqaf-tii
[illegible]	[illegible]	[illegible]	[illegible]
gabbal	gabbal-sha	gabbal-shu	gabbal-shii
[illegible]	[illegible]	[illegible]	[illegible]
gabbal	gabbal-ka	gabbal-ku	gabbal-kii
[illegible]	[illegible]	[illegible]	[illegible]
gacan	gacan-ta	gacan-tu	gacan-tii
[illegible]	[illegible]	[illegible]	[illegible]
gacan	gGacan-ka	gacan-ku	gacan-kii
[illegible]	[illegible]	[illegible]	[illegible]
gar	gar-ta	gar-tu	gar-tii
[illegible]	[illegible]	[illegible]	[illegible]
gar	gar-ka	gar-ku	gar-kii

[illegible]	[illegible]	[illegible]	[illegible]
Gees	gees	gees	gees
[illegible]	[illegible]	[illegible]	[illegible]
gees	gees-ka	gees-ku	gees-ku
[illegible]	[illegible]	[illegible]	[illegible]
gool	gool-sha	gool-shu	gool-shii
[illegible]	[illegible]	[illegible]	[illegible]
gool	gool-ka	gool-ku	gool-kii
[illegible]	[illegible]	[illegible]	[illegible]
cad	caddaan-ta	caddaan-tu	caddaan-tii
[illegible]	[illegible]	[illegible]	[illegible]
cad	cad-ka	cad-ka	cad-kii
[illegible]	[illegible]	[illegible]	[illegible]
calaf	calaf-ta	calaf-tu	calaf-tii
[illegible]	[illegible]	[illegible]	[illegible]
calaf	calaf-ka	calaf-ku	calaf-kii
[illegible]	[illegible]	[illegible]	[illegible]
fiid	fiid-da	fiid-du	fiid-dii
[illegible]	[illegible]	[illegible]	[illegible]
fiid	fiid-ka	fiid-ku	fiid-kii
[illegible]	[illegible]	[illegible]	[illegible]
fool	fool-ka	fool-ku	fool-kii
[illegible]	[illegible]	[illegible]	[illegible]
fool	fool-sha	fool-shu	fool-shii
[illegible]	[illegible]	[illegible]	[illegible]
qaan	qaan-ta	qaan-tu	qaan-tii
[illegible]	[illegible]	[illegible]	[illegible]
qaan	Qaan-ka	Qaan-ku	qaan-kii

[illegible]	[illegible]	[illegible]	[illegible]
qaar	qaar-ta	qaar-tu	qaar-tii
[illegible]	[illegible]	[illegible]	[illegible]
qaar	qaar-ka	qaar-ku	qaar-kii
[illegible]	[illegible]	[illegible]	[illegible]
kaalin	kaalin-ta	kaalin-tu	kaalin-tii
[illegible]	[illegible]	[illegible]	[illegible]
kaalin	kaalin-ka	kaalin-ku	kaalin-kii
[illegible]	[illegible]	[illegible]	[illegible]
lab	laab-ta	laab-tu	laab-tii
[illegible]	[illegible]	[illegible]	[illegible]
lab	laab-ka	laab-ku	laab-kii
[illegible]	[illegible]	[illegible]	[illegible]
luuq	luuq-a	luuq-u	luuq-ii
[illegible]	[illegible]	[illegible]	[illegible]
Luuq	luuq-da	luuq-du	luuq-dii
[illegible]	[illegible]	[illegible]	[illegible]
mataan	mataan-ta	mataan-tu	mataan-tii
[illegible]	[illegible]	[illegible]	[illegible]
mataan	mataan-ka	mataan-ku	mataan-kii
[illegible]	[illegible]	[illegible]	[illegible]
neef	neef-ta	neef-tu	neef-tii
[illegible]	[illegible]	[illegible]	[illegible]
neef	neef-ka	neef-ku	neef-kii

[illegible]	[illegible]	[illegible]	[illegible]
weer	weer-ta	weer-tu	weer-tii
[illegible]	[illegible]	[illegible]	[illegible]
weer	weer-ka	weer-ku	weer-kii
[illegible]	[illegible]	[illegible]	[illegible]
hayn	hayn-ta	hayn-tu	hayn-tii
[illegible]	[illegible]	[illegible]	[illegible]
hayn	Hayn-ka	Hayn-ku	hayn-kii
[illegible]	[illegible]	[illegible]	[illegible]
yaabis(d)	yaabid-da	yaabid-du	yaabid-dii
[illegible]	[illegible]	[illegible]	[illegible]
yaabis	yaabis-ka	yaabis-ku	yaabis-kii

Tusaalahaan wuxuu ku saabsan yahay qodobka iyo u jeedkiisa.

Qodobku wuxuu caddeeya ama iftiimiyaa xaaladda magacu xilligaas ku sugan yahay. Far somali latin iyo Far Somali Waxay ku kala duwan yihiin waa dhanka shaqallada kooreha. Far Somali latin ma laha shaqallada koore, kuwaas ayaa ka maqan.

Arrintaas waxay keentay in Far Somali markii qoraalka far somali latin lagu dari waayey shallada kooreha, in qoraalkii la kala saari waayo oo ereyo badan qoraal lagu kala saari waayo. Waxay kaloo hor istaagtay in naxwe loo sameeyo qoraalka af soomaaliga latinka.

Waa ereyo badan oo af soomaali ah, halkaan ku ma soo koobi karo, aad ayay u badan yihiin. Ereyadaas kooreha u baahan waa kuwo magac ah iyo kuwo fal ah. Kor waxaan ku xusay kuwa magaca ah. Dhanka falkuna waa la mid fal tegey iyo fal farriileey ah in badan oo falkaas ah, qoraal lagu ma kala saari karo far somali latin, laakiin far somali xal bay u heshay xilli laga joogo boqol iyo dhawr sano.

Tusaalahaan wuxuu ku tusayaa, sida dhawaaqa falka is beddelkiisa loo qoro FAR SOOMAALI

Fal tegey	Fal farriinleey	[illegible]	[illegible]
keen	keen	[illegible]	[illegible]
cun	cun	[illegible]	[illegible]
liq	liq	[illegible]	[illegible]
hel	hel	[illegible]	[illegible]
arag	arag	[illegible]	[illegible]
cab	cab	[illegible]	[illegible]
aamus	aamus	[illegible]	[illegible]
jabi	jabi	[illegible]	[illegible]
diid	diid	[illegible]	[illegible]
deg	deg	[illegible]	[illegible]
raadi	raadi	[illegible]	[illegible]
carar	carar	[illegible]	[illegible]

𐒂𐒘𐒇𐒖𐒆𐒖 𐒈𐒝𐒑𐒛𐒐𐒘𐒌𐒖 Tirada soomaaliga

𐒠	𐒇𐒚𐒌 (𐒌𐒝𐒁𐒙)	0	rug (goobo)
𐒡	𐒏𐒙𐒓	1	Kow
𐒢	𐒐𐒖𐒁𐒙	2	Labo
𐒣	𐒈𐒖𐒆𐒆𐒗𐒄	3	Saddex
𐒤	𐒖𐒍𐒖𐒇	4	Afar
𐒥	𐒉𐒖𐒒	5	Shan
𐒦	𐒐𐒘𐒄	6	Lix
𐒧	𐒂𐒙𐒆𐒆𐒙𐒁𐒖	7	Toddoba
𐒨	𐒈𐒘𐒆𐒆𐒜𐒆	8	Siddeed
𐒩	𐒈𐒖𐒌𐒛𐒐	9	Sagaal
𐒡𐒠	𐒂𐒙𐒁𐒖𐒒	10	Toban
𐒢𐒠	𐒐𐒖𐒁𐒛𐒂𐒖𐒒	20	Labaatan
𐒣𐒠	𐒈𐒙𐒆𐒆𐒙𐒒	30	Soddon
𐒤𐒠	𐒖𐒍𐒖𐒇𐒂𐒖𐒒	40	Afartan
𐒥𐒠	𐒏𐒙𐒒𐒂𐒙𐒒	50	Konton
𐒦𐒠	𐒐𐒘𐒄𐒆𐒖𐒒	60	Lixdan
𐒧𐒠	𐒂𐒙𐒆𐒆𐒙𐒁𐒛𐒂𐒖𐒒	70	Toddobaatan
𐒨𐒠	𐒈𐒘𐒆𐒆𐒜𐒂𐒖𐒒	80	Siddeetan
𐒩𐒠	𐒈𐒖𐒌𐒛𐒉𐒖𐒒	90	Sagaashan
𐒡𐒠𐒠	𐒁𐒙𐒎𐒙𐒐	100	Boqol

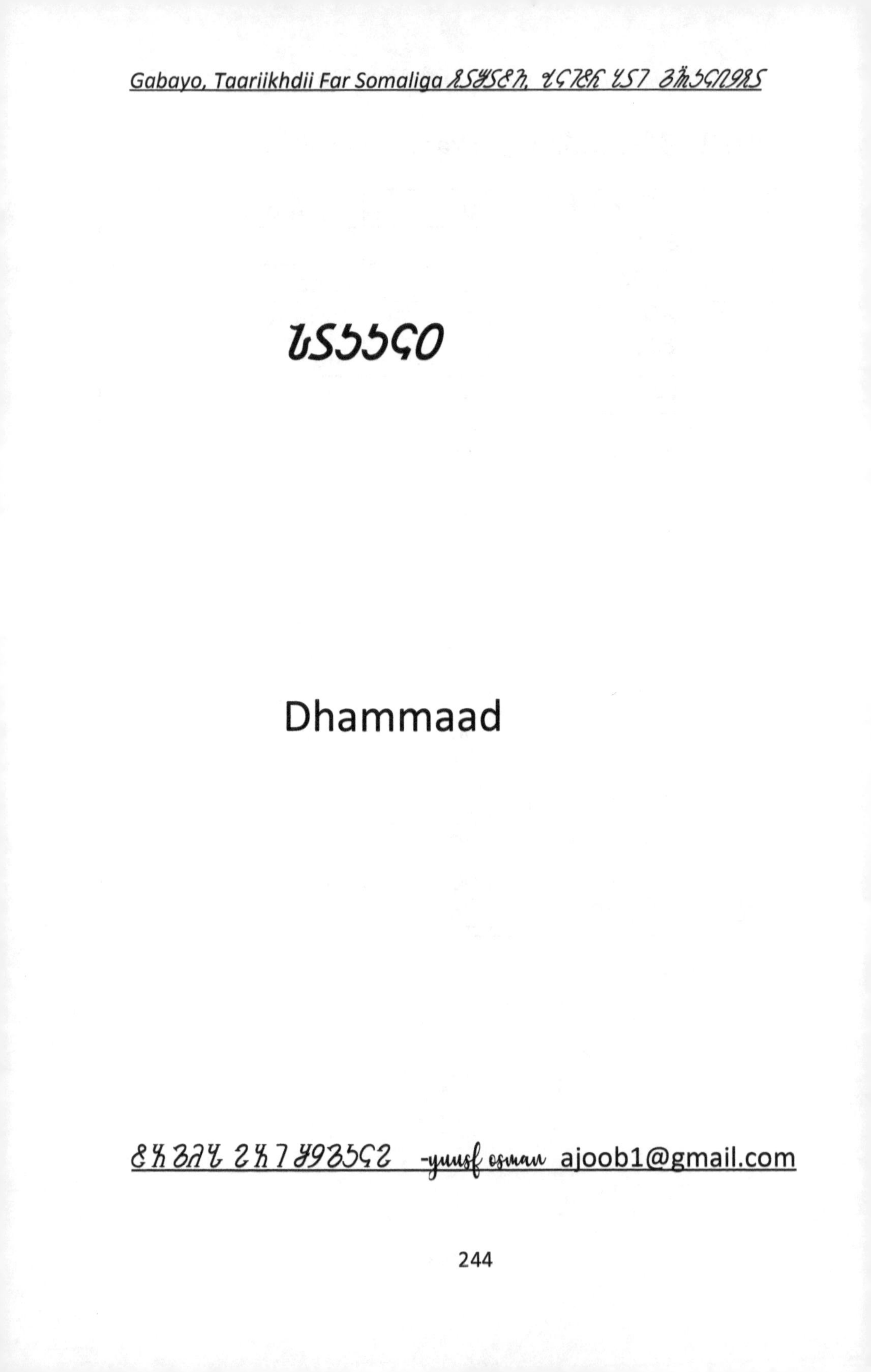

Dhammaad

-yuusf osman ajoob1@gmail.com

www.ingramcontent.com/pod-product-compliance
Lightning Source LLC
Chambersburg PA
CBHW030256100526
44590CB00012B/418
* 9 7 8 1 9 1 0 1 8 1 5 1 5 *